新丝路世界人文经典

我在卡夫卡店铺当学徒

［捷克］弗兰基谢克·科·巴士克 著　徐伟珠 译

外语教学与研究出版社
北京

图书在版编目（CIP）数据

我在卡夫卡店铺当学徒 ／（捷克）弗兰基谢克·科·巴士克著；徐伟珠译. ── 北京：外语教学与研究出版社，2024.1
（新丝路世界人文经典）
ISBN 978-7-5213-4961-0

Ⅰ. ①我… Ⅱ. ①弗… ②徐… Ⅲ. ①卡夫卡（Kafka, Franz 1883–1924）–传记 Ⅳ. ①K835.215.6

中国国家版本馆 CIP 数据核字（2023）第 242768 号

出 版 人	王　芳
项目策划	彭冬林　徐晓丹
责任编辑	于　辉
责任校对	徐晓丹
封面设计	梧桐影
版式设计	郭　莹
出版发行	外语教学与研究出版社
社　　址	北京市西三环北路 19 号（100089）
网　　址	https://www.fltrp.com
印　　刷	三河市北燕印装有限公司
开　　本	650×980　1/16
印　　张	12.5
版　　次	2024 年 1 月第 1 版　2024 年 1 月第 1 次印刷
书　　号	ISBN 978-7-5213-4961-0
定　　价	68.00 元

如有图书采购需求，图书内容或印刷装订等问题，侵权、盗版书籍等线索，请拨打以下电话或关注官方服务号：
客服电话：400 898 7008
官方服务号：微信搜索并关注公众号"外研社官方服务号"
外研社购书网址：https://fltrp.tmall.com

物料号：349610001

出版说明

2013年9月和10月，习近平主席在访问哈萨克斯坦和印度尼西亚时，先后提出共建"丝绸之路经济带"和"21世纪海上丝绸之路"（即"一带一路"倡议）。"一带一路"倡议，继承和弘扬了"团结互信、平等互利、包容互鉴、合作共赢，不同种族、不同信仰、不同文化背景的国家完全可以共享和平，共同发展"的丝路精神，倡导沿线各国之间实现互联互通，促进相互间的经贸合作与人文交流。特别是习主席关于"构建人类命运共同体"的理念和主张乃人心所向，众望所归，不仅得到了国际社会的高度响应，写进了联合国大会决议，而且也是中华民族站在新的历史起点上对人类和平发展的智慧贡献。

"国之交在于民相亲，民相亲在于心相通。"在推进"一带一路"建设、促进各国互联互通、构建人类命运共同体的进程中，民心相通是基础。实现民心相通的前提和最直接有效的手段，是通过阅读了解彼此的文化，克服文化偏见，增进文化理解，促进相互信任，加深人民友谊。不言而喻，文化理解是实现民心相通的基础和前提。

"一带一路"沿线国家，大多为文明古国，在历史上创造了形态各异、风格不同的灿烂文化，是人类文明宝库的重要组成部分。但毋庸讳言，这些国家大多数是发展中国家，又多为中小国家，他们的母语或官方语言大多是"非通用语种"。囿于译者和阅读人数较少，过去我们对这些国家的人文经典著作的译介和研究远远不够。"一带一路"倡议提出以来，我国已经与"一带一路"沿线多个国家开展了政府间人文经典互译项目的合作，其中中国与俄罗斯、阿拉伯国家、阿尔巴尼亚、葡萄牙、以色列、斯里兰卡等多个国家和地区的经典互译工作已经产生了丰硕成果。但总体来说，目前的译介还不能满足今天读者对"一带一路"国家人文经典阅读日益增长的需求。为此，我们组织翻译出版这套"新丝路世界人文经典"丛书，其目的就是重点翻译介绍"一带一路"沿线国家的哲学思想、文学艺术等领域的经典作品，以期填补空白，为我国读者了解这些国家的文化打开一扇窗户。

这套丛书有以下几个特点：1. 所涉猎的学科、领域和题材丰富，涵盖哲学、思想、历史、文学、文化等，便于对对象国文化有较为全面的了解；2. 以挖掘"新"作为重心，不求面面俱到，对于已经在国内有比较好的译本的名著，不重复翻译；3. 这套丛书是开放式的，随着认识和研究的不断深入，我们会及时补入新篇目；4. 力求从原著的语言直接翻译，避免因其他外语转译而减损对原著的理解。

我们深知，此项工作并非易事。很多语种译者资源非常有限，甚至不过寥寥数人。限于学识和经验，我们对"一带一路"国家的人文经典梳理不足，或许挂一漏万。但我们相信有广大专家学者的鼎力支持，一定能够有所建树，为促进文明互鉴与文化交流贡献绵薄之力。

"文明因交流而多彩，文明因互鉴而丰富"。我们期盼，这套丛书的翻译出版将有助于我国读者通过对这些国家人文经典的阅读，更多了解"一带一路"沿线国家的人文传统和民族特质，促进民心沟通，夯实"一带一路"建设的民意基础。

外语教学与研究出版社
2019 年 12 月

(原作手稿片段)

(原作手稿片段)

目录

前言 / 7

第一章 学徒新世界 / 1
第二章 成长与烦恼 / 85
第三章 走出布拉格 / 120

后记 / 173

前言

20世纪40年代,正值二战时期。曾经的销售代理和会计弗兰基谢克·科萨维尔·巴士克(1878—1963)决定撰写自传,回忆自己前半生的经历。也许他曾梦想这部回忆录有朝一日问世,但他不曾想到的是,在21世纪正式出版的部分手稿,会引起不小的轰动。

倘若自传里没有提及那个轻描淡写、一掠而过的小人物,那个比作者小5岁、第一任雇主卡夫卡的儿子小弗兰茨,那么一切都不会发生。直至1994年,完好保留大量手稿的巴士克后裔们发现,他们的曾祖父居然认识弗兰茨·卡夫卡。

2001年,捷克文学月刊《客人》刊载了回忆录的第一部分:"在赫尔曼·卡夫卡店铺的学徒生涯。"2003年出版商选择回忆录的第一和第二部分正式出版,定书名《我在卡夫卡店铺当学徒》。

显然,巴士克回忆录中展现的19世纪90年代卡夫卡家庭及其商店里不同寻常的场景,极大丰富了卡夫卡研究的史料素材,它的公开发表在一定程度上让世人感到意外和震惊，也引发了对其真实性的质疑。然而，拿起这本回忆录，读完开篇几页，读者心中的疑团会瞬间消失。作品对布拉格市容的描绘细致入微、具体翔实，无不折射出那个时代布拉格的特定色彩，非亲身经历难以呈现。

回忆录展示的时代背景凸显了其真实性。作者以第一人称叙述，文字平实自然，笔下的人物形象鲜活灵动。

巴士克1892年9月15日到卡夫卡服饰用品商店当学徒，到1895年1月31日，他结束了在店铺未满三年的学徒生涯，也中止了与这个家庭的接触和联系。直到20世纪中叶，这位杖国之年的老人才拾笔撰写回忆录，回望人生历程。不容置疑，作者在写作时尚不得知自己认识的那个腼腆小男孩会成为震惊世界的文豪。在他笔下，小卡夫卡这个人物仅是回忆录中的一段插曲，一个命运迥异的普通小男孩，他也不了解小卡夫卡的创伤。直至离世，作者显然也不知晓当年他辅导捷克语的那个小学生，日后会被罩上炫目的文学光环。

回忆与卡夫卡家族的相遇，不是作者的写作主旨，仅是其中历史片断的再现。提及这个家庭，就如同写到古城布拉格众多的犹太家庭一样，在某种程度上他没有避讳底层的捷克基督教徒对较富裕的犹太人的不信任和距离感。当时犹太人大多讲德语，虽然他们也懂捷克语。

众所周知，卡夫卡的《致父亲》在世人眼中生成了神秘的"父亲"形象，然而在巴士克文本里保留了赫尔曼·卡夫卡人性的维度。呈现在读者眼前的店主赫尔曼是一位老练的商人，严厉但不失公正，驾驭自己的生意如同一位经验丰富的船长。他欣赏小学徒的工作和才能；夫人尤丽叶和蔼、谨慎和内敛，成为店铺的灵魂；小弗兰茨善良好奇；令人难忘的还有夫人的父亲洛维，紧盯着小学徒容不得片刻休闲偷懒；店里的其他伙计脾气秉性、信仰取向，方圆殊趣。在作者心目中卡夫卡家族仅是普通犹太商人家庭中的一个，在作者生活的时代，类似的犹太家庭在布拉格数不胜数。巴士克回忆录的价值在于，它原始而真实，没有受到为成名后的卡夫卡进行另类诠释和粉饰的影响，那是许多卡夫卡回忆录作者惯常的做法。

体格瘦小的主人公因父母无法供他继续求学，小小年纪步入商业社会学手艺。他头脑精明，稚气的外表赢得了客户的信任、同事的同情，甚至唤起雇主对他的保护欲。在格拉斯小说《铁皮鼓》以及赫拉巴尔的《我曾伺候过英国国王》中，作家们以表现主义手法描写体格弱小的主人公，具有象征意义，但巴士克笔下的小学徒牢牢植根于现实。他巧妙地学会与生活周旋，努力遵循道德准则。

　　刊载的手稿片段也引起了德语界卡夫卡研究者们的关注和兴趣。2004年，回忆录第一部分被翻译成德语，由卡夫卡协会正式出版。诚然，卡夫卡研究专家们在阅读过程中立刻注意到，巴士克全然忽略了一个事实：在他开始学徒的那段日子，正值卡夫卡夫人尤丽叶妊娠晚期。1892年10月28日，卡夫卡家第三个女儿奥特拉降生。回忆录里没有提及店员们对主人家这一喜讯的任何反应；同样，巴士克几次去楼上卡夫卡公寓的货品仓库取货，他也只见到了小卡夫卡的两个妹妹艾丽和瓦丽（迦布丽尔和瓦莱丽尔）。作者还写到了卡夫卡夫妇之间的和谐关系。

　　回忆录透露了一些全新信息：据巴士克描写，在他当学徒那年，即1892年，卡夫卡一家已居住在位于策莱特纳大街3号的公寓楼2层，底层是卡夫卡店铺。而之前的资料显示，卡夫卡一家直到1896年才从老城广场的"乌米努塔"大楼搬迁至此。显然，巴士克混淆自己的学徒年份似乎不太可能，那么卡夫卡研究资料中对于卡夫卡一家搬迁的日期有待更正。

　　小弗兰茨学习捷克语的必要性问题也是世人对回忆录真实性存在的质疑点。从回忆录前后的关联性以及对卡夫卡夫人的描写中不难看出，让巴士克给小他5岁的弗兰茨补习捷克语，陪他散步，有时甚至一同去夏季别墅度假，有这样两种可能：第一种是醉翁之意不在酒，夫人尤丽叶只不过想给性格内向孤僻的儿子找个玩伴而已，而这个玩伴她必须信得过，在她掌控之内；另一种可能是她愿意给这个惹人喜爱、性格活跃而体格瘦弱的小伙计减少劳作时间。假如不为提及自己很体面地赚取的那几个金盾，或许作者不会在小卡夫卡身上花费笔墨。

巴士克笔下的卡夫卡夫人的形象不仅与我们从其他资料中获得的印象相吻合，而且还增加了她性格中的慈爱因素，但回忆录展示的另一个人物赫尔曼·卡夫卡，那个严厉而公正的店主，与他在儿子作品里的形象，尤其那篇《致父亲》里描写的形象大相径庭。面对他儿子主观真实的自述，我们再来阅读这份客观的文献资料，会发现巴士克的描述似乎修正了目前卡夫卡研究中对苛刻的父亲赫尔曼的指责，使其形象更加丰满，颠覆了人们以往想象中的赫尔曼形象，同时开启了新的研究命题：重新探讨卡夫卡父子间误解所在的真正原因。

以一种全新的视角去观照卡夫卡家族的生活，巴士克回忆录的意义远不止于此。作品的独特价值还在于它是一部描写布拉格平民、学徒、店员、伙计和短工们日常生活和劳作场景的真实文献。回忆录把读者引入了作者生活的那个时代，展示了大量与现今生活相似又各异的社会氛围和生活场景，生成一幅广阔的19世纪末20世纪初布拉格世俗生活的"时代画卷"。回忆录不仅展示了整个时代的变迁，而且融入了作者的道德观以及对政治、民族、宗教和性的看法。卡夫卡家族生活场景的回放，让读者如同亲临布拉格老城区，置身于那个捷克—德意志—犹太民族融合的历史环境。

作为个体的我们看待世界的视角是"个性化的"——同样，巴士克回忆录勾勒的19世纪末20世纪初的捷克社会场景和社会众生相也不例外。

作者给主人公取名为弗兰基克·巴尔基克，是此部写实作品有意而唯一虚构的地方。

此中文译本仅翻译了原作品的第一部分，年代止于1895年，即主人公巴尔基克提前出徒，前往波列斯拉夫城蜡烛厂做体面的办公室职员。在那里，才真正开始了他的职业冒险生涯……

译者
2019年10月10日

第一章　学徒新世界

1892年9月里一个明丽的清晨，一位犹太老妇人步履匆匆地迈进策莱特纳大街上一家门面大气的店铺，身后紧跟着一个女人和一个男孩。店堂里，柜台后面站着几个店员，店主赫尔曼·卡夫卡先生背对大门，正对店员们说着什么。店铺门口的橱窗上方，悬挂着黑色大幅牌匾，赫然印着几个烫金大字"赫尔曼·卡夫卡"。

注意到门口走进来的三位访客，卡夫卡先生打住话头，店员们便退到店堂后面的库房里。卡夫卡转过身来，迎向客人。

"早上好，卡夫卡先生，我把这个小学徒给您带来了。"① 犹太老妇人先开腔。她经营着一间办公室，专门给人介绍学徒类工作。"我想，他和大家会处得很好。"

---

① 原文为德语。奥匈帝国时期，捷克的官方语言是德语。

"早上好,"①卡夫卡先生回应,"看起来,这孩子的年龄偏小,个头还够不到柜台。"

"孩子长得可快着呢,他才刚满十四岁。"小男孩的母亲赶紧解释,卡夫卡和犹太老妇人蒙科娃不禁笑了起来。

"那好。只是,到店铺来上班必须穿长裤,像这样的短裤便装打扮,我不允许。"

"哎呀,我的老天,"蒙科娃太太夸张地喊道,"你们看看,我居然把这一条给忘记了。行了,尊敬的夫人,赶紧给孩子去添置一条长裤吧,我告诉你们去哪里买合适。"

男孩的母亲感到有些意外,但她立刻回应道:

"只要卡夫卡先生看上孩子了,裤子我一定给他置办,进店铺来上班必须穿长裤,这个道理谁都明白。"

店主在说话的同时,接过男孩手里一直紧攥着的学校成绩单。浏览完毕,他以赞赏的口吻说道:

"唔!唔!还不错!那就在我店铺里开始干吧,学徒期三年。如果能胜任,学徒初期月薪为三个金盾。好,让他明天早上七点钟到店里来,希望准点到!"尘埃落定,事情谈妥了。

"再见!"②

"再见!"卡夫卡跟蒙科娃太太告别。

---

① 原文为德语。奥匈帝国时期,捷克的官方语言是德语。
② 同上。

"再见，夫人。"店主朝男孩的母亲说道。

男孩还晕晕乎乎的，但他感觉决定自己命运的日子就是今天。出乎他意料的是，一切落实得如此迅速。

在满大街车水马龙的喧嚣声里，他依然听到蒙科娃太太对妈妈说的话：

"那么，夫人，您还得再付我两个金盾，一个金盾的注册费您已经交了，现在工作我已经为您安排妥当，您需要再支付两个金盾。孩子在店铺里一定会有出息的。店铺规模那么大，店主人也和善，孩子在店里会过上体面的生活。至于那条长裤，咱们可以到耶伊泰勒斯对面的商店去买！"

弗兰基克的妈妈支付了介绍费，在与蒙科娃太太分手时告诉老妇人说，裤子她还是决定去熟识的老裁缝那里买，说完便朝希特科夫斯卡街匆匆赶去。他们的家在希特科夫斯卡大街上，是一套不大的公寓，两个房间加上一个小厨房。从房间的两扇大窗户望出去，恰好是蔚蓝的波光粼粼的伏尔塔瓦河，正对约瑟芬岛的南岬角；从厨房透过公寓楼之间的空隙可一眼望见河滩，河滩空地上矗立着几株洋槐树，大约七八棵的样子，树下枯黄的草坪蔓延开来，铺满了河岸沙滩，别有一番景致。

◆

在这之前，弗兰基克在弗拉基斯拉夫街的市民中学读书，今年他刚满十四周岁。可是，懵懂少年常有的那种烦恼已逐渐出现并且困扰着他。在学校里，他的学习成绩一直名列前茅，尤其擅长作文和绘画。他体型瘦弱、个头矮小，可以去裁缝店或者其他类似的店铺学轻松一点的手艺，但他不感兴趣。可是，让他去干繁重的体力活，弄得浑身脏兮兮的，妈妈又不愿意。就此，家人为弗兰基克的去向问题商讨了很多次。

弗兰基克十八岁的哥哥，已经在一家名叫贝尔斯汀的大时装店当学徒；他的姐姐，毕业于职业联合会技工学校，一开始在齐兹科夫区的一家服装店上班，但是整天围在顾客身边转，低声下气地伺候顾客的活计让她心生厌烦，最后离开服装店，到一家大制衣坊做缝衣女工。制衣坊的女雇主待人温和，姐姐在那里还结交了两三个朋友。

其实，小男孩更愿意继续上学。他常常艳羡地望着三三两两的学生们，在日特纳大街上的文科学校或者耶奇纳大街上的理科学校进进出出，心里不免幻想，假如自己也能像他们那样腋下夹一摞书，在那条长长的马路上踌躇满志地踱着步去学校，该多么惬意，但眼下那已经成为一种奢望。

他的父亲在葡萄园区一家镶木地板厂当工头，精明能干，薪酬也还丰厚，但父亲始终难以决定是否让小儿子继续上学。在他看来，孩子在学校也许能省心七八年，可之后的前程会怎样呢？万一孩子在这段时间里学坏了，或者成绩滑坡，那他就会逃学，变成一个野小子。这样的例子父亲听说过不止一两个，因此他有顾虑，不想让自己的儿子重蹈覆辙。

就这样，弗兰基克走进卡夫卡先生的店铺里，开始了三年的学徒生涯。

◆

翌日清晨，弗兰基克从位于策莱特纳街上的希克斯特大楼过道里疾步冲出来，下身已经套上了前一天在回家路上置办的长裤。他往左侧扭过头去，迅速瞥了一眼老城市政厅的塔楼，塔楼上的时钟显示：差五分钟七点。他长舒一口气，转过头朝街对面望过去，大幅牌匾上赫尔曼·卡夫卡的字样赫然醒目。

店铺门口出现了一位戴帽子的男仆，帽子上印有字母"H.K"，他正动手卸下巨大的折叠门板（当时，使用金属卷帘门的店铺还属罕见）。店铺两侧的墙面里留有深深的凹槽，折叠的门板就撂放在凹槽里，待晚上店铺打烊时再把它们取出，一一排起来。

一种异样的感觉突然袭向弗兰基克，仿佛面前就是将他吞噬的恐怖牢笼。

当他看见宽大的玻璃橱窗依然像昨天一样敞亮，以及里面琳琅满目的好看玩意儿如蕾丝饰品、内衣、缎带、皮革制品和其他各式商品时，内心的忐忑不安便烟消云散了。橱窗里的所有饰品都布置得错落有致,让人忍不住驻足欣赏。

他走近那个戴帽子的男仆,跟他打招呼,询问他卡夫卡先生是否在店内。仆人上下打量了男孩一番,说道:

"啊哈,您就是那个新来的学徒吧?先进店里来吧,店主马上就到。"

◆

弗兰基克迈进店堂,那个男仆雅诺什紧跟在他后面,他来自斯洛伐克。雅诺什从大木桶里抓出潮湿的木屑,撒到木条地板上,然后挥动笤帚细致地清扫起来,他们之间没有再说过一句话。

这时,其他的雇员们也陆陆续续走了进来——三位年龄稍大的店员,包括一个年长、一个年轻的两个学徒以及一个女售货员,同时走进来的还有会计和他的助理。所有人从弗兰基克身边走过,但没有一个人搭理他,都径直走到后面的房间里。弗兰基克听见他们在开始一天的活计之前的短暂交谈。随后,一位小姐和一位年长的学徒罗伯特出现在店堂里,他们俩都是基督徒,但罗伯特是德国人。[①] 他们在柜台边的位子上坐下来,开始动手准备这一天的工作。会计和他的小伙计把自己关进了"办公间",这个办公间是用玻璃围起来的,大家称它为"围栏"。

---

① 奥匈帝国时期,在布拉格生活着三种人,德国人、犹太人和捷克人。

其他店员与年轻的学徒还有一个差役都待在后边，每天帮着从乡下来的订货客户捆扎包裹。他们先将货物装进板条箱或者打成包裹，在傍晚时分由雅诺什把它们运送到火车站和邮局，通常他会叫上某一个学徒给他打下手，有时学徒们自己就用双轮推车将包裹送到邮局去。

小姐对弗兰基克笑了笑，问他有什么需求。弗兰基克马上向她解释说，他到这里来什么都不买，他是店里新聘的学徒。小姐说道：

"哦，你是基督徒呀，那太好了。"她接着又补充说："店主马上就会到。"

在屋子另一端的罗伯特听见他们交谈，走了过来，心里一阵窃喜，因为他知道接下来的日子里，他以前做的那些低级学徒的活计将有人接手，他可以多学一些店员的工作了。于是内心迅速膨胀起一股妄自尊大的欲望，他粗野地对弗兰基克呵斥道：

"别在店中央傻站着，到一边角落里待着去！"

弗兰基克的脸涨得通红，退到了门边。

此时，卡夫卡先生从后面冒了出来，他是从后门穿过库房进到店堂来的。他听见了罗伯特的话，制止他道：

"你给我闭嘴！"

弗兰基克不懂德语，但是从店主厉声的话语里，从罗伯特投过来的恶毒眼神中，感觉到了卡夫卡对他的训斥，很快罗伯特便溜得无影无踪。卡夫卡先生随后跨进"围栏"，对会计们吩咐一番。

◆

店主卡夫卡是个高大健壮、待人平和的中年男子，三十五岁左右。弗兰基克对他并不感到亲近，但也不觉得反感，只是刚才他对无礼的罗伯特的干涉，让店主形象变得和蔼亲切起来。

尚不懂得伪装、稚气未脱的弗兰基克，平生第一次身处于陌生人中间，也第一次因罗伯特的"突然袭击"而无端受到伤害。现在，在店主的训斥之后，在诧异之余他禁不住扪心自问：为什么？怎么可能？在店铺里最普通的下级雇员对他的同伴会表现得如此专横粗鲁，尽管他们之间的地位仅相差一丁点？在以后的日子里弗兰基克逐渐明白了，这是无法改变的事实。这种现象在生产和服务行业里司空见惯——在商店、工厂甚至机关的各个阶层，到处都存在这种自以为是、对下属或同事充满控制欲的小人物。这种人极少是好职员，更谈不上是好人。好人不可能对其他人施加控制，而这种人在自己的上司面前往往表现出低眉俯首，极尽阿谀奉承之能事。

从会计"围栏"走出来的卡夫卡，转身交代弗兰基克说：

"唔，弗兰茨，①店里的那位女士和罗伯特会交代你该怎么做。小姐、罗伯特，你们负责给弗兰茨交代一下工作！"随后他点上一支烟，朝店铺门前的人行道踱去。

此刻墙上的挂钟指向七点半。在听到卡夫卡先生的召唤后，罗伯特很快出现了，他阴沉着脸说：

"在柜台下面有抹布和掸子。你用抹布把那些码在架子上的盒子全部擦拭干净，用掸子把架子上空格里的灰尘掸掉。擦干净的盒子必须放回到架子上，码放整齐。我可告诉你，所有的东西都必须原封不动地物归原位。要是你把货品顺序弄乱了，别人找不着，你就等着瞧，有你的好看。等把所有够得着的格子都擦完一遍后，你再爬上梯子去擦拭更高一层的货架，一直擦到挨着天花板的顶格。"

交代完毕，罗伯特又回到仓库里去了，店铺里只剩下那位小姐。

没过多久，卡夫卡夫人来到店铺里。夫人也是高挑身材，年龄跟先生大致相仿，和颜悦色的面容，显然与卡夫卡先生十分般配，相处也融洽。卡夫卡家的公寓就在店铺上面，在这幢大楼的三层。

---

① 弗兰茨是弗兰基克的德语名字。

一般情况下，光临店铺的顾客只需两位女士负责接待就足够应付，因为零售不是卡夫卡店的主业，不是很受重视，卡夫卡店主要经营批发业务。他雇用了两个送货员——皮茨克负责布拉格市区业务，克劳斯负责乡村生意。皮茨克平时靠步行或者乘有轨电车去送货，而克劳斯则跟随驾驭两匹马的马车夫坐着马车，载着装满样品的大箱子，在乡村田野间辛劳地奔波，每个村子都要光顾。皮茨克每外出两天后，返回布拉格店铺一次，向卡夫卡提交写得满满的订货单，再把箱包里的旧样品更换成要带走的新样品继续出发。而克劳斯呢，则通过邮局寄回订货单，他通常要在外面跑上四到六个星期才能回到布拉格，住上两三天。

商人们和远远近近来的客户们也会自己到店铺里来，因为这样他们可以亲自到仓库里浏览，挑选自己需要和中意的货品，然后把置办好的货物直接随身带走。他们往往把货品打成特大的包裹，装入木箱，由雅诺什用车子运到车站；如果哪一天人手不够了，学徒们也要来帮忙。大家卖力地推着双轮车，期待客商们能赏他们几个脚力钱，通常是十个子儿。在返程途中他们用这些小费买小零食吃。

卡夫卡夫人一看到弗兰基克，就把他叫到自己的沙发椅前。

沙发椅摆放在收款台旁边，挨着店门口。夫人询问了弗兰基克家里的情况，有无兄弟姐妹之类，然后让他回去继续干活。

◆

货架又深又高，弗兰基克从架子最底层的一个个格子里取出纸盒，仔细地掸去灰尘，再把空格擦拭干净，对周围发生了什么丝毫不再留意。由于一直弯着腰，等腰酸背疼的时候他才抬起头来，看了一眼钟表，指针指向九点钟。他已经卖力地干了一个钟头了，而清理干净的格子总共只有六个。仰头望向天花板，从左看到右，他发现，自己完成的工作才是微不足道的区区一小部分而已。装满货品的架子遮住了整个房间的四壁，高达房顶，这让他感到头晕目眩。他意识到，要把所有的格子都擦拭一遍，把盒子码放整齐，起码要花费一个礼拜的时间。

"弗兰茨，"耳边突然传来响亮的喊声，声音来自后边的库房。弗兰基克立即直起身来，转过头向后边房间的门口看去。里面亮着一盏煤油灯，他看见年龄最大的员工米勒在招呼他，弗兰基克赶紧朝他跑了过去。

"你跟我到店铺另一个库房走一趟，在地下室，把这个竹篮拿上，跟我来吧。"

米勒是一名退役士兵，犹太人，身姿挺拔，保留着当下士时的两撇八字胡和军士气度。两人走出后门，沿着走廊穿过院子,来到通往地下室的楼梯上。

弗兰基克被震撼了。怎么还有一个仓库？这令他震惊。卡夫卡店铺居然有这么多现成的库房,到处堆着满满的货物,后面的仓库里东西更多。他走进去发现,目光所及到处是塞得满满当当的货架,直抵天花板。在柜台和地面上也码放着纸箱和包裹,所有货物都被整齐地装在纸箱内或捆扎在方正的包裹里。只是他始终不得而知,那些散落在他身边、堆放得无处下脚的纸箱和包裹里到底是些什么东西。

大多数情况下,包装盒上都贴有德文标签,时不时也出现法文标签,但对于他这个新手而言,这些标签都如同天书般难解。还有一些包裹甚至只有编号或者只标注一两个字母。

偶尔能看到码放在格子里的包装盒上,除了商标和文字外,还绑着一小块布样,昭示包裹内的货物。弗兰基克真希望所有的包裹外都捆绑这么一块布料。

他思忖,自己大概一辈子也学不会仅凭包裹外包装以及包裹上的商标,揣摩出里面的货物。而他却没有想到,随着时间的推移,他逐渐地什么都掌握了。

◆

每当听到米勒他们说又要去另外一个库房取货时,弗兰基克都会感到愕然。难道除了他已眼见的那些仓库外,还有别的库房？迄今为止，他亲眼见识的大量货品，已经让他感觉难以置信。

的确还有。他们顺着楼梯逐级而下，走过长长的迂回曲折的走廊，来到一扇铁门前。米勒一只手提着从上面仓库带下来的煤油灯，另一只手拧动巨大的钥匙，推开沉重的铁门，走进去，把煤油灯放到地板上，将它点燃。

弗兰基克好奇地四处打量：面前是一个巨大的库房，占据的空间足有楼上的店铺和仓库加起来那么大。屋中央的拱顶由一根粗大的廊柱支撑，四壁甚至廊柱周围都被货架子围满，由地面一直到天花板，巨大的货架格子里也塞满了货品。

米勒从兜里掏出几张纸片，逐页扫视一遍，然后在不同的格子前来回忙碌起来，这里取一件，那里取两件或几件包裹、纸箱以及大捆的货物，转身递给弗兰基克，由弗兰基克码放到竹篮里——那种普普通通，平时用来放被单、床罩之类的大洗衣篮，稍窄的两端有手提的把手。竹篮快盛不下时，古斯塔夫走进来，提起竹篮子的一个把手走出地下室。米勒扑哧吹灭煤油灯跟在他们身后，大家又回到地面的仓库里。

类似的库房在这栋大楼里还有两处，较小的那个在庭院后，另一个在楼上的公寓房里，占据卡夫卡家六个房间中的三间，剩余的三个房间加上一间厨房住着卡夫卡夫妇俩和三个孩子，家里还有两个女仆。

♦

从地下仓库回来，弗兰基克继续做早上开始的活，清理纸盒和包裹，打扫货架，一上午就这样过去了，指针走到了十二点。

卡夫卡夫人在半小时之前上楼去了，也许是去查看午餐的准备情况，十二点整又回到店铺里，让先生上楼去用餐。夫人看到弗兰基克后，也让他回家吃午饭去，嘱咐他在一点钟回到店里。

弗兰基克像子弹一般地冲出门去。一上午他只吃了一片从家里带来的面包，接连干了四小时以前从没干过的活计之后，早就饥肠辘辘了。他依然一路小跑，穿过希克斯特大楼的过道，绕过德国斯塔夫城邦剧院、禽蛋市场和煤市到了佩尔施厅，然后沿费迪南街和米库兰斯卡街，穿过几条逶迤的小巷到希特科夫斯卡街，就到家门口了。这段路疾步走的话需要半个小时。

弗兰基克回家后狼吞虎咽，顾不上详细回答妈妈关切的询问。匆匆赶回店铺时已迟到十分钟，他等着挨训了。

跨进店门，迎面见到卡夫卡先生坐在他太太平时坐的沙发椅里，紧挨收款台，抽着一支雪茄，埋头在读《布拉格日报》。先生什么也没有说。

弗兰基克继续干活，把纸盒和包裹从格子里抽出来，掸拭干净再放回去。

不一会儿，两个从乡村来的商人走进店里，来订货了。卡夫卡先生起身，亲自接待他们，其他店员在后面库房各自忙着自己的活。突然先生咆哮起来，继而怒骂。原来他找不到货品了，那些货品平时就放在固定的位置，他一眼就可以看到，而现在在别的格子里又发现了原本不属于那里的东西。他的满腔怒火一股脑发向弗兰基克：

"你瞎倒腾什么，你这个蠢货？你都干什么了？把东西弄得乱七八糟，我什么都找不着了。"他接着冲后面喊道，"米勒，过来一下，我这儿乱套了！"

米勒跑过来，帮忙一起翻找起来，没多久就物归原位了，原来相邻两个货架格子里的货品弄混了。

卡夫卡陪着顾客继续选货，米勒把弗兰基克带到后房，站定后怒斥道：

"你怎么这么愚蠢，你是个白痴吗？把货物擦干净再放回原处，难道连这个你都学不会？你以为有人会专门站在你身边，指点你做完这个再做那个？没人有这个闲工夫。再犯一次同样的错，看我不搧你，然后让你马上滚蛋。废物一个！"

他随后命令古斯塔夫，让他带弗兰基克去楼上的库房取一些货来。于是两个人拿上竹篮和钥匙，往三楼走去。

◆

轻叩公寓房门，厨娘玛丽前来给他们开门，厨房的右侧就是通往库房的入口。古斯塔夫用钥匙打开库房门，两人走进去。满墙四壁又是相同的货架，从地面直抵天花板，每个格子里同样被货品塞得满满当当。选取好需要的货物，码到篮子里，他们起身离开了库房。

厨房里出现了第二个女人，是保姆安娜，还有卡夫卡家的两个小女孩，一个五岁，另一个七岁的样子。女孩们在地板上玩耍，安娜在熨烫衣服，玛丽正在灶台边忙碌着，炉子上煮的咖啡散发出阵阵诱人的香气。

玛丽转身笑眯眯地扫了一眼新来的学徒，随口跟安娜说了句什么，安娜笑起来。弗兰基克没有听清楚她说的话，但他注意到玛丽长得很好看，年龄大约在二十四五岁，体型修长，满脸欣喜。保姆安娜的年纪大多了，面色枯黄，老气横秋。

和古斯塔夫一起重新回到店铺里，弗兰基克一边继续尘土飞扬地掸扫，一边暗自琢磨，自己怎么可能在掸完那些盒子和包裹之后，弄乱了摆放顺序呢，惹得卡夫卡先生怒气冲天，还招来米勒一顿臭骂。他怎么也想不明白这样的差错是如何发生的。他心里很清楚，自己每一次干活都小心翼翼，从来没有同时整理过两个货架，所以弄混淆两个格子里的货品断然不可能！不，这件事有蹊跷。突然他脑子里闪过罗伯特的影子。没错，他吃完午饭踏进店铺的时候，瞥见罗伯特正在这个货架前捣鼓什么，而这个架子恰恰是弗兰基克上午整理的。一见他走进来，罗伯特赶紧溜走了，还奇怪地冲他扮了个鬼脸。

找到症结了，就是罗伯特捣的鬼！

一种被捉弄的感觉让弗兰基克义愤填膺，浑身冒火，但他想不出解决的办法。他不想跑到卡夫卡先生跟前去诉苦，那会让人笑话，刚上班第一天就怨天尤人。他下定决心，暂且对这件事只字不提，从此对罗伯特多加防范。他继续埋头卖力地干活，身后库房的门开开合合，买家们来来往往，他都不扭一下头，甚至店铺柜台上接待顾客的伙计们跑进跑出，经过他身边时不时地撞他一下，他也不在意。伙计们从这一面或那一面的格子里取走不同的货品，有时还需要跑到后面的库房里去。

人来客往，络绎不绝，说话声、讨价还价声、商谈声此起彼伏，从下午一直持续到傍晚。到六点之后客流才慢慢中断，店铺里开始平静下来，只听见伙计们在整理散落在柜台上的货物时发出的低沉声响，这些货品都是下午供顾客们挑选后剩在柜台上的。

店堂内和偌大的店铺橱窗里，煤油灯点亮了。此时，收拾一空的柜台上，店员们又从后面库房搬来了早已准备好的货样，它们将被发往车站或者邮局。店员们依照订单分门别类排列好，每份订单之间用木板条隔开。柜台上摆得密密麻麻，没有空隙。等第一批货物码放好之后，卡夫卡先生叫来会计和小助手，开始记账。会计在柜台上的货物之间找个空当，摊开巨大的账本，摆上墨水台，小助手在别处的缝隙里放上垫板，摊开事先准备好的几张空白账单，两个人的耳朵后都夹着一杆笔。

卡夫卡先生走近柜台，拿起货物上附着的订单，逐一念起来。会计和小助手同时唰唰地玩命写起来，一个往账本里记，另一个往账单上填，写好一张账单接着写下一张。每记录好一张订单，小助手必须口齿清楚地念一遍记下的账，卡夫卡先生则核对柜台上的货，检查是否有遗漏。

登记完所有要邮寄的货物，会计和小助手返回到"围栏"里。会计名叫甘斯，是犹太人，助手叫布洛什，是个基督徒。两人各自核算自己的账，一个在账簿里写，另一个写在纸上，算出结果后，相互再核对，这样查起账来就不会出错了。

店员们把柜台上的货品重新送回后面的库房，再和仆役雅诺什一起把一张张订单装进事先预备好的板条箱或者大包裹里。

一直忙到晚上八点到八半点的样子,当天来不及完成的活,第二天早上来接着干,直到弄妥为止。

店员们在前面的店堂忙得不可开交时,弗兰基克被打发到后面库房里,省得在前面碍事。于是他只得继续在后面掸尘,疲乏得连一丝抬手的力气都没有了,灰尘钻进嘴巴里、鼻孔里,他蓬头垢面,双手更是脏污不堪。此时一位小个子的鹤发老人朝他走过来,此前弗兰基克在店铺里跟此人没打过照面。老先生叫洛维,是卡夫卡夫人的父亲。

"弗兰茨,"老人指示,"地上的这堆绳子需要整理出来,把所有的绳扣一个个解开。同样粗的绳子再对接起来,一定要系紧了,不能松开。然后再把绳子盘成一团,听明白了吗?"

地上的大纸箱里堆满了乱七八糟的绳子,都是从邮包上拆下来的。每天有大量类似的邮包送到店铺里来。

弗兰基克累得双脚都快支撑不住了,他怔怔地看着老人离去的背影,嘴里发不出一个字。

真奇怪啊!在平时,尤其节假日期间,弗兰基克可以一整天地在外面的马路上疯闹,一直跑到城门外的地方,晚上回到家里也会精疲力竭,但跟今天相比,那简直算不了什么!像今天这样的疲惫和虚弱,在之前他从未体验过,几乎就要倒下了。他环视四周,看到角落里扔着一个大包裹,没准是刚送来的,也可能是准备寄出去的,他想也没想就一屁股坐了下去,浑身立刻舒坦多了。他开始慢悠悠地整理手边那堆绳子,哈着腰忙了一天,吸了一天的尘土,此刻让他感觉轻松多了。

过了一会儿,一个小男孩,大概十岁,磨磨蹭蹭朝他走过来,表情怯生生的。小男孩下午在店铺里出现过,站在他母亲的身旁,当时弗兰基克就留意到了。这是卡夫卡先生的儿子,也叫弗兰茨。

小男孩走到弗兰基克跟前,问道:

"你是新来的学徒,叫弗兰茨,对不对?我也叫弗兰茨。"弗兰基克很高兴,能有机会跟人说说话。小男孩看起来很友善,弗兰基克朝小男孩笑了笑,开始跟他交谈起来。从小男孩口中他了解到,弗兰茨上德语学校——当然了,卡夫卡一家跟当时所有的犹太人家庭一样,觉得自己是德国人,最起码,在任何情况下他们是和德国人站在一起的,[①]他们鄙视捷克人,尽管他们也能说很流利的捷克语。

和小男孩聊得很开心,弗兰基克暂时忘却了自己的疲劳。八点半之后,店铺里响起卡夫卡先生的声音:

"休工了!"

每个人放下手里的活,把所有的煤油灯一盏盏熄灭,从后

---

① 奥匈帝国时期,犹太人一般都让子女上德语学校,代表一种身份。

门出去上到过道,再往外走就是喧嚣的马路了。雅诺什早就装好了店铺门板。店员们在过道上和卡夫卡夫妇道晚安,然后分头匆匆回家。

这一天,弗兰基克认识了店铺里所有的人,日后在店里他跟这些人每天都会见面。他撒腿往家跑去,一路狂奔,对他来说,吃晚饭和上床睡觉变得异常诱人。

◆

全家人都端坐着恭候弗兰基克,盼他回家给他们讲述这一天的"打工"经历。弗兰基克强忍住疲乏以及上床睡觉的渴望,在狼吞虎咽的间隙,甚至在晚饭之后还花了片刻工夫,给全家人详细叙述了他一天的所见所闻和经历,他把卡夫卡店铺里的每一个人都做了描绘,模仿他们的说话以及说话时的语调和神态,他绘声绘色的表演逗得全家人哈哈大笑。大家开心地站起来,回房就寝。

弗兰基克在入睡前,回想自己度过的这一天,总体而言是满意的。上班的新鲜劲儿、店铺里琳琅满目的货品、热闹繁杂的生活,所有这一切在他内心激发起无穷的热情。尽管他的身体困乏到了极点,超长的工作时间几乎耗尽了他瘦小躯体内的精力,但这丝毫没有减弱他初入生意场的勃勃兴致。增长的新见识、不断变换的活动给予他极大的激励和精神满足。

每天重复的繁重工作，几乎一成不变，这足以扼杀他对工作的兴致和热情，然而完成每天除固定任务以外的新任务，对他而言意味着变化，帮助他抵御因单调无聊的重复衍生出的厌烦沮丧情绪。通过观察对比他发现，其他的许多手艺工种，跟自己从事的活计大同小异。

◆

类似卡夫卡先生这样的批发商店，在布拉格大概还有五六家，大都开设在老城区一带。虽然都是同行业里的竞争对手，但彼此之间仍然维系着和睦融洽的关系。首先是因为所有店主都是犹太人，信仰犹太教，其次是基于相互的合作需求。他们在同一行业里经营种类繁杂的纺织品生意，每一类纺织品又按布匹的大小分成不同级别，每一等级在设计和材料上更是分门别类、花样繁杂、色彩各异。常常出现这样的情形，顾客要买的某种商品在自己库房里恰好断货了，而客人又立等需要，按照犹太商人的行规，无论如何不能轻易放走上门来的顾客，更不用说出现了有需求的顾客。如果无法满足顾客的愿望，那么就理应而且必须给他提供其他样品，想方设法游说客人买下别的货品。犹太商人的店规雷打不动：上门来的顾客绝不空手放行，店主必须从客人衣兜里赚到银子。

货品短缺的情况屡屡出现，每天上演，需要伙计马上出去易货换物。店铺历来的解决办法是，派一名小学徒，提上几样货品，标好价格，譬如成卷码放在纸盒里的朱红色绣花丝绸，库房里堆积了好多。小学徒就会带上这一盒丝绸，去一家平时关系不错的店铺换回同样数量、同样等级的丝绸，要蔚蓝色的，那是顾客指定要的颜色，而自家店铺里的库存恰好售罄了。

类似的换货交易在这几家店铺里轮番上演，大家一般都会彼此照应。除非事出有因，碰巧在前一天，两家店铺的主人在咖啡馆喝咖啡时发生了龃龉，或者太太们到对方家里做客时互不谦让，打了嘴仗，那么店主们就会板着脸关照手下店员：假如某某家店铺的伙计上门来换货，一律推说无货，坚决给予回绝。若是对方伙计纠缠不休，就按照店里的零售价出售。

这种小打小闹从来都持续不了多久。有时就发生在同一天里，刚刚拒绝了别家的换货请求，自己家恰好也断货了，迫切需要出去找货。于是只得派一个伙计上门去致歉，说刚才把学徒打发回去纯属误会，以后再需要换货，随时请便。接着便出其不意地提出自家店铺里需要交换某种货品，恳请某某店主千万满足他们的请求。彼此间类似的换货交易虽然引发出无穷尽的恼怒和愤恨，但更多的则是生出笑谈和落下话柄。

如今，这种需要"外交"手段外出换货的差事，自然落到弗兰基克身上。他倒是十分的情愿，在他眼里，这件事充满挑战,非常有趣,让他乐此不疲。虽然刺耳的话语常常入耳,但调侃还是占了多数。他善于跟不同的人讨价还价,这个过程让他见多识广,人也变得精明起来,由此也学会了如何甄别货品,怎样跟不同的人打交道。

除此之外,他获得了难得的机会外出闯世界,他走进了许多家工厂,这些生产厂家是批发商店的供货商。弗兰基克也去拜访了这些厂家设在布拉格的直销仓库。譬如某家店主接到一份不大的订单,急需某一批货品,而自家库房里恰好断货,去厂家进大宗货品不值当,于是便直奔直销仓库提货救急。这些仓库的主管由厂家直接委派,店商可以去主管居住的公寓跟他商谈,规模较大的仓库则直接在庭院里设有专门办公室,这类仓库一般不给单个客人供货。

◆

弗兰基克每天需要出门"换货"好几趟,或者到上面提到的那几家直销仓库去提货。

从乡下到布拉格城里来进货的商人们,一般都着急把货物随身带走,卡夫卡店里这几天正好货紧,一出现这种情况,弗兰基克就得立刻动身出门,设法把货品弄回来。

还有那些通过邮局或者铁路发货的批量订单,各式各样的货物需要用同样的办法凑齐品种,如此一来,攒在一起的活就很可观。米勒列出一大堆订单，弗兰基克便揣上这些单子出发，一家挨一家去平时关系融洽的店铺，去工厂的直销仓库打听，往往不辞辛苦绕行一大圈，回来时身上挂满大小不一的包裹，连两只手都不空着。两边肩膀用绳子挂着包裹，分量重一些的背在后背上，小件包裹则想方设法塞进衣裤兜里，一趟跑下来往往要耗费两三个小时。店主是无法核查派出去的学徒是否途中开了小差的，无非是每次在临行前严厉关照，尽早返回。所以弗兰基克从来都是不紧不慢的，尤其遇上碧空如洗的晴朗天气。

　　大街上热闹的景象让他目不暇接，在各家店铺里选货时他也尽量跟人多聊一会儿。他在大街小巷走走停停，碰到意外的事情再耽搁片刻。以前上学的时候他很少有机会来到这一片老城区，尤其是走进热闹的街巷和人头攒动的老城广场。这里距他家公寓楼所在的地段有一段距离，学校放假的时候他和小伙伴们最多在楼间空地上，或者到城墙边和哨岗街一带玩耍，再远也就是游荡到克拉维附近的田野间，维谢格拉德高堡城墙下的山岩上，或者到努塞尔河谷中等偏远的角落。

　　现在，他兴奋地穿梭在老城区曲折蜿蜒的巷陌之间，眼前到处是一幢幢古色古香、令人难忘的历史建筑。走得乏了，他就在大楼的台阶上坐下来喘口气，从兜里掏出家人给他准备的零食吃上几口。只有在这种平心静气、闲坐休憩的时刻，他会回忆起曾经的学校生活，回想起现在已难得一见的从前的伙伴们，回想起那些快乐的假期时光。但这种偶然闪过的怀念，仅仅是昙花一现，持续片刻。

眼下的学徒生涯让他觉得妙趣横生、其乐无穷，尽管时常有不愉快的事发生，让他稚嫩的内心有触痛感。撇开这些，并不存在什么令他不满意的地方。对工作他尽心尽力，到星期天下午才得空休息半天，因为周日早上还要照常去店铺，工作到午后一点钟。而下午的时光又悄无声息，不经意间一晃而逝。每到周一早上，他总恍惚觉得星期天压根儿没过似的。

◆

令他欣慰的轻松时刻转眼就垂青于他。一纸通知发到店铺里：未成年的小学徒必须到培训学校继续学业。

和其他店铺的雇主一样，卡夫卡先生对这道指令当然满心的不乐意，这让店主们很有吃亏的感觉，难以接受。在每周四晚上六点到八点，周日上午十点到十二点，卡夫卡不得不把弗兰基克从店里放走，让他去学校听课。对此卡夫卡时常阴沉着脸，但平心而论，弗兰基克从没有在店主口中听到什么不中听的话，卡夫卡每次会用最简洁的话交代他，什么时间可以离开店铺去学校。即便店里忙得不可开交之时，卡夫卡也从没有耽误过或者设法阻拦他离开。这种情形在其他基督教店主的店里时常发生，这些事是弗兰基克后来在同学那里听说的。

但对弗兰基克来说，这真是天大的好事！一听到这个消息，他简直心花怒放。他不仅可以重新回到课堂，虽然每周才四个小时，但他已心满意足，而且他获得了短暂的自由和休息时间，起码在周四和周日可以挤出两个小时舒舒服服地坐在温馨的教室里听老师讲课。这对他疲乏至极的身体来说是极大的放松，对他的精神也是莫大的安慰！

起初，弗兰基克总是在周四和周日获得准假后再动身去学校，每次都向卡夫卡先生或者卡夫卡夫人请示。不知从哪一天起，他不再请示就动身了，店主夫妇倒也没有强求。然而在周五和周一的早上，店员和其他伙计们突然群起向他发难，纷纷谩骂和斥责他，说他存心逃避劳动，给其他店员添乱。

弗兰基克渴望上学，他也勤奋用功。学校里开设了多门实用有趣的课程，除了德语、地理和美工书法，他们还学习会计学、期票学和商品学。前几门课程在市民中学读书时就是弗兰基克最喜爱的。

除了学习知识，他在培训学校里还结识了许多在不同店铺里当学徒的新同学，跟他们在一起有不少离奇的经历。学徒们有的来自食品店，有的来自绸布坊、时装铺、服饰用品店、五金铺——工匠们使用的各类工具都出自这家店,还有的来自文具店、皮革店等等。每次大家都会举办五花八门的商品"展示会",年少气盛的小伙计们通过正当或不正当的手段,从各自的店铺里弄来各式各样的小玩意儿。

◆

弗兰基克的书法写得工整漂亮,绘图也相当熟练,有一阵他曾梦想上美术学院。希望落空之后,他期望至少能做个平版画家。在上学的最后一个假期,那是在找蒙科娃老妇人之前的事了,弗兰基克和妈妈曾去拜访过几家平版印刷厂,想谋取一个学徒的位子,但到那里马上就被打发出来,据说这一行业不景气,僧多粥少。

某一天在卡夫卡店里,当雅诺什打扫街面橱窗时,弗兰基克去帮忙扶住橱窗巨大的玻璃门,清扫和整理橱窗是店铺每周必做的工作。他饶有兴致地浏览着橱窗里摆放的商品,突然想起他外出换货时在市中心和费迪南大街上的商店里,看到过贴在橱窗里的制作精美的广告,大幅文字俨然在提醒过往行人,橱窗里陈列的商品是"正宗法国货",那些蕾丝是"地道布鲁塞尔"的,商店里有丰富的货物"任君选择",等等。

卡夫卡店铺的橱窗里,没有这类广告牌。弗兰基克暗自琢磨,他也可以制作一些类似的广告牌来提升"自家"生意,让橱窗变得诱人，吸引路人眼球。在紧接着的那个星期日下午，弗兰基克按捺不住，在家里动手做了起来。他制作了两块广告牌："任君选购""包您满意"，绚丽的色彩、优美的字体，路人经过橱窗无法不留意到。

星期一早上，他让仆役雅诺什一起帮着把广告牌安插到了宽敞的橱窗里，放在最恰当、最显眼的位置。对自己的这一举动，他跟谁都缄口不提，他也请求雅诺什替他保密。

两人回到店铺里不久，卡夫卡先生像往常那样迈进店来。用完家里送来的早餐，他使唤弗兰基克去拐角处的纸烟铺买来供一上午享用的烟量：一根"苏丹娜"纸烟和一支"德拉布克"雪茄。点燃纸烟，他按老习惯信步踱到店铺门前的人行道上，一边透透气，一边浏览自家的橱窗，看看陈列的商品是否摆放得当，是否需要更换一批新商品了。

弗兰基克此时正埋头忙于他早上例行的活计，接着他昨晚停手的地方继续掸扫货架格子里那些纸盒和包裹，千篇一律，循环反复。灰尘四处弥漫，散落下来，他不得不一遍又一遍重新擦拭。只有放在店铺和后库房里的货物才需要这般清扫，其他库房里的货物只在搬挪到店铺之前才擦拭一下。正当弗兰基克顺着人字梯爬到顶端，准备掸扫最高一层接近天花板的格子时，卡夫卡先生匆匆走进来，一看没有人在，便冲后库房方向喊道：

"海勒！"

那个叫海勒的店员应声前来，他是专门负责橱窗设计的。

"海勒，告诉我，是你把这些标语放进橱窗里的吗？"

海勒诧异地仰视店主，吞吞吐吐道：

"我没有，先生，出什么事了吗？"

"那你出去看一下！"

卡夫卡说着与海勒一起跑了出去。

卡夫卡先生越发摸不着头脑了。"怎么回事，你居然都不知道？橱窗不是上周六才布置的吗？"

返回店里后，海勒大声叫道：

"米勒、科恩、罗伯特，到这里来一下！"

被叫的几个人循声跑来，海勒质问道：

"橱窗里的标语是谁摆进去的？"

大家都一头雾水。的确，他们怎么会知道呢，每天都在最后一刻匆匆离店，或者在最后一刻匆匆来上班，没有人有闲情逸致想起来打量一下橱窗。每个人最多是在橱窗刚布置一新的时候跑出去看一眼，然后不会再去理会，除非有人轮到那一周值日，每天要负责擦拭橱窗。

这一周正好轮到弗兰基克。

大家都拥出店去，看看到底出了什么离奇的事情。回到店堂后，一个声音从高处传下来：

"是我放的，尊敬的先生！"

"那么，你下来吧！"卡夫卡先生命令道，同时示意其他人可以退场，干自己的活去了。

"弗兰茨，你是怎么想起来的，事先也没跟我说一声？"卡夫卡先生问。

"都是我自己画的，我只是想让您高兴。"

"大家都有目共睹，你居然这么擅长绘画。以后这样的广告牌你尽管可以多做一些，做得更快一些。去问一下太太，还需要画些什么？"

◆

夫人到店铺后，卡夫卡先生把她领到门外的橱窗跟前，指给她看弗兰基克的杰作。夫人也满心喜欢，把弗兰基克夸赞一通，马上吩咐他再制作几个广告牌，并提醒说，做得越快她会越高兴。只是她和卡夫卡先生都没有提及奖赏的事，而这恰恰是弗兰基克满心期盼的回报。

没想到奖赏在不久之后到来，而且大大超出他的预期。弗兰基克自己也说不上来，这是否与他制作的那两块广告牌有关，是否是广告牌引发的效应。

反正有一天下午，小卡夫卡放学回到店里，卡夫卡夫人把弗兰基克叫了过去，告诉他说，她的儿子在学校里学习捷克语有些困难，希望弗兰基克在这方面给他补习功课。同时她规定说，他们俩要到楼上公寓去学习，每天下午至少学习一个小时，然后再一起外出散步一个小时。上课从今天下午就开始，教课有报酬，除了每天上课时可以享用一餐点心之外，每个月再增加三个金盾的薪金。

简直喜出望外！弗兰基克意识到，他每天至少可以在店铺和库房里少干两个小时的活，和小卡夫卡一起在无人打扰的舒适环境里学习，还能每天享受到一杯香浓的咖啡，外加一个牛角面包（给两个也没准）。除了这些，还能得到那么优厚的报酬，几乎跟自己的学徒工资一样多。想到这些，他高兴得恨不得蹦起来。

事实上，卡夫卡夫妇给他增加的这个新任务，即使不给任何额外报酬，他同样会满心乐意地接受下来。

对于教课他丝毫不怵，坚信自己能够轻松胜任。在市民中学上学时，适逢老师甚至校长外出处理公务或者别的事情，他曾代过好几次课，甚至在每个不同的班级他都接连上过两节课呢。

弗兰基克向卡夫卡夫人郑重道谢，和她商量好，每天下午从四点钟开始教课，小卡夫卡正好放学，教到晚上六点钟。说完这些话，弗兰基克转身回到后库房接着干活，等待他的当然是店员们的冷嘲热讽和白眼，显然刚才他们偷听了夫人和他的谈话，罗伯特直接发难，出言不逊：

"你这个马屁精，整天就会围着夫人和先生摇尾巴，就想偷懒耍滑，我没有诬陷你吧？别得意得太早，没那么容易，我们不是吃素的！"他就差扑上来咬弗兰基克一口了。

弗兰基克面对气势汹汹的罗伯特，胆怯地往后退了几步。罗伯特一脸愤恨地念起了一首风马牛不相及的打油诗：

红、黑、黄[①]，

那是英雄披戴的颜色；

红、白、蓝[②]，

对应愚蠢的波希米亚人。[③]

当时德国人还没创造出"捷克"这个专用称谓，所以后来引发了很多笑话，他们以此作为捷克人迁徙到捷克的时间比德国人要晚的佐证。那时在捷克，说捷克语的人被称为波希米亚人，德国人则被称为德意志人。事实上，德国人到达波希米亚的时间怎么可能早于捷克人呢？

所有在场的店员都放肆地大笑起来，他们也听出了罗伯特

---

① 德国国旗的颜色。
② 捷克国旗的颜色。
③ 这是德国人对捷克人的嘲笑。

的打油诗多么的滑稽和荒唐，在这个时候念出来，尤其不伦不类。弗兰基克却第一次深刻感受到这个德国基督徒对捷克人怀有的不共戴天的仇视。罗伯特来自施卢克诺夫①地区，弗兰基克体会到这首诗里面蕴含的傲慢和骄横，它刻意凸显了德国人的自以为是，侮辱和歧视捷克人。他幡然醒悟：这是种族仇视，它在日耳曼化的捷克边境地区的德国人中间不断繁衍和流传。

毫无疑问，这首打油诗，罗伯特在上小学的时候就学会了。而捷克孩童们最多只会那种戏谑性的顺口溜：

德国人甲壳虫，

敲敲缸子，

藏身帽子。

在这之前，弗兰基克一直以为，罗伯特疯狂用在他身上的种种损招只不过是无赖的伎俩，是缺乏教养的胡作非为，但现在他不再这么认为。他开始理解，为什么在家里面和其他场合，人们一讲起德国人就把他们视为所有捷克人的敌人，根源就在此，他恍然大悟。

时钟敲响十二点。每个人放下手里的活，跑到墙边，摘下挂在墙上的属于自己的帽子，一溜烟跑出门吃午饭去了。只有科恩，这星期轮到他值中午班，他要等到第一个吃完午饭的人

---

① 位于捷克北部的苏台德地区。

回到店铺后才能离去。那位小姐和弗兰基克同时跨出店门,她紧迈几步和他并肩走,她对今天降临到弗兰基克头上的美差表露出由衷的喜悦。夫人和弗兰基克谈话时小姐就在现场,她知道弗兰基克以后能轻松喘口气,而且能多赚一份薪水。弗兰基克给她叙述了罗伯特的丑恶行为,小姐也愤愤不平。

弗兰基克加快了回家的步伐,为了尽快把这一喜讯与家人分享:"幸运降临到自己身上了。"母亲和姐姐都很羡慕,打心底里为他每天能赢得两个小时的休息时间而感到高兴。哥哥冬尼克也对他表示祝贺。晚上,回到家里的父亲听说后,很是纳闷,他摇着头感叹:

"你是个人才啊,小子。人只要长了本事,命运就不会亏欠他!"当晚的弗兰基克,怀着满满的自豪感,爬上床香甜地入睡了。

◆

眼下的时光与开始时相比好打发多了。

早上弗兰基克一如既往在库房里做掸尘和清洁工作,上午九十点时出去给其他店员购买点心。在这片商业区周边的策莱特纳、希尔克瓦等街道上,每幢大楼的过道走廊里都设有食品亭,专门出售面包等小吃。小亭子通常属于某一家面包房,面包房负责给亭子里的女售货员供货,按售出多少面包给她佣金,同时允许在亭子里出售她自己的小食品。在这里能买到涂抹了一层黄油的黑面包片或者圆面包以及各种时令水果、糖果、甜点等，价格相对低廉。

其实，这些小食品亭就是专门为这片商业区的雇员们而设的，为他们提供方便，满足他们的需求。大道两旁的一幢幢大楼里，从地下室到楼顶间，遍布商铺和库房，有成百上千名员工在里面忙碌着。

被派出去买点心的那个小伙计，在纸条上记下每个员工想买什么，从他们手里收好钱，根据要买的点心份数拿上一个大小适中的纸盒，便出门去了。每个食品亭旁边总汇聚着一群年轻人，小伙或者姑娘，他们快乐而淘气，尽情享受这一刻难得的自由放松。售货大嫂按照需求量先切好面包片，然后往面包片上涂抹黄油，弄好之后递给在亭子外等候的人，再收钱。黑面包片又大又厚，有两个小硬币叠起来那么厚，等抹上黄油或者黄油掺奶渣后，就达到四个硬币叠放在一起的厚度。小伙和姑娘们把一份份点心小心翼翼码放到纸盒里，然后急忙跑回店里分发给翘首以待的员工们。

这些小伙计很少有人能买得起一片面包，更不用提那种抹了黄油的了。虽然美味的面包片那么具有诱惑力，让人垂涎欲滴，可这群小可怜手里一个子儿也拿不出来。偶尔，善良的售货大嫂会切下一大片面包，抹上超厚的黄油掺奶渣，送给其中几个小伙计。有时遇到这样的情形，特别是那些大店铺派出来的伙计，一买就是十几份黄油面包，为了拴住这些小伙计，让他们光顾自己的食品亭，售货大嫂会承诺事后多给小伙计们一份黄油面包作为好处。这样的好事一周能出现两三次，可见小食品亭的竞争还是很激烈的。

弗兰基克也尝到了外出跑腿的甜头。一位大嫂告诉他，说自己也有一个年龄跟他相仿的儿子在上学，学校在卡尔林一带，正好她食品亭主人的面包房也开在那里。她第一眼就喜欢上了弗兰基克，说他跟自己的儿子长得很像。她每次都会顺手给弗兰基克一个牛角面包，或者两个小圆面包，或者一片黄油黑面包。

弗兰基克买完点心送回店里，通常都要挨一通骂，被店员们埋怨在外面消磨太长时间。他放下点心盒，紧接着马不停蹄被派出去"换货"，揣上订单去各家直销仓库取货。置办完这些货品回到店里，差不多已是中午时分。将货品转交给米勒清点，自己赶紧跑回家去吃午饭。

下午提上竹篮去各家店铺库房取货，按照订单顺序依次挑选好货，补充到店铺的后库房里。时间过得飞快，四点钟刚过，弗兰茨·卡夫卡便来找他了，领他进楼上公寓，一杯飘香的咖啡和一个牛角面包便放到他面前，有时会摆两个牛角面包。然后他开始教课，他教得很用心，选择合适的课本给小卡夫卡讲解捷克语的语法和表达方式。五点钟过后两人起身出去散步，他们先到楼下店铺去见卡夫卡夫人，每次夫人会准备好一枚十文硬币放到儿子手里，让他在路上买零食吃。小男孩每次都把美味与弗兰基克一同分享，即便不是完全平分。两个人都不着急回家，但星期四例外，弗兰基克在这一天必须掌控好时间，及时赶到培训学校去上课。

弗兰基克每天从其他店员那里听到的刻薄讥讽和辱骂声不绝于耳，尤其是罗伯特，对他简直怒不可遏，妒恨地抱怨自己反倒成了他的替罪羊。弗兰基克每天跑出去好几个小时，该弗兰基克干的脏活都落到了他身上。资历稍浅的店员科恩也数落弗兰基克不在店里时，自己又得提上竹篮，和罗伯特一趟又一趟去地下室的仓库提货。

有一天，弗兰基克正站在梯子上整理天花板下面最高一层货架里的纸盒，科恩从他脚下撤走了梯子。弗兰基克双手紧紧扒住上端的架子，一只脚踩在下端格子的架板上，慌乱中好几个货包被踩翻，掉到了地上。直到米勒听见弗兰基克的呼救声赶了过来，弄清原委后狠狠呵斥了科恩一通，让他把梯子重新架回去，弗兰基克才顺着梯子战战兢兢地往下爬。

失魂落魄的弗兰基克下到地面上，一不留神，一脚踩坏了一个装满纽扣的纸盒。事后，这个角落并没有人光顾。碰巧有一天，店主卡夫卡走进库房，在走道边上踩到一粒损坏了的纽扣，低头一看，竟发现一大堆。

弗兰基克不得不把那天发生的事情和盘托出，并立即揭露了之前罗伯特的种种劣迹。卡夫卡当场把科恩和罗伯特两人狠狠骂了一通，但这并没有给弗兰基克帮上多少忙，事后这两个人对他更是变本加厉。

♦

在培训学校上学的学徒们分为两个年级。傍晚时分他们聚集在位于煤市街的学校门前，有的人从店里脱身早，有的则晚一些，大家凑到一起总有聊不完的话。快到六点的时候才涌入教学楼，走进各自的教室，老师随后就到了。

在课堂上，更多是在课间休息的时候，男孩们会忍不住从口袋里掏出千奇百怪的小玩意儿来显摆，相互之间也做交换。洋货店的学徒们带来的往往是好吃的，几块奶酪、香肠、巧克力等美味，他们会拿出一小部分和来自其他行业的好伙伴分享。而其他行业的学徒们带来的稀奇玩意儿，有铅笔、小记事本、小饰品、纽扣，有时还拿出一条领带甚至一把做工精美的折刀。这些东西他们是如何得到的，弗兰基克不愿去多想，但他不相信这些东西是花钱买来的，因为他很了解这些小学徒的底细，谁的手里也没有一个子儿。他从不参与这类交易，总躲得远远的，因为自己从来不把店铺里的任何东西拿过来。他甚至试着规劝那些小伙伴们，可是当他们递给他一种美食时，他倒也不嫌弃，心怀感激地领受下来，当然是不用给钱的，他的良知也没感到什么不安。

在教师们中间，他发现，跟其他学校一样，也分为两类人。有个叫哈夫利克的老师待人特别亲切和善，另一位名叫多莱士的就言行粗俗，报复心很重。弗兰基克对哈夫利克永远心存感激；而对后一位，在第二年的年末，在他即将离开学校去另一座城市波列斯拉夫城另谋职业的时候，他为自己这一年来的忍气吞声，也为其他所有同学出了口气。

上完课已是晚上八点，所有学生簇拥着往校外走，三三两两分成若干群体，往家走的一路上快乐地聊着天。唯有那些洋货店的学徒们神色黯然，苦着脸回到店里继续干活。食品店在那个年代打烊很晚，要到十点钟之后。这些店铺的伙计们一般吃住在店主家，与手工艺行业的伙计不同的是，他们还得替店主操持家务活，跟仆人似的伺候大人，还要照看小孩。

在学校附近，在一栋老楼房的拱廊里，搭出一间小木屋，专门出售卷烟。小青年，也有胆大的小伙计，有的才十三四岁，常常跑到铺子里去买烟抽。他们在大街上晃着膀子,动作夸张地吸着烟,竭力想装成大人的样子。弗兰基克也在这个时候学会了抽烟。以前只有在伙伴们递过半根烟时,偶尔偷偷地吸上几口,现在他也时常自己掏钱去买烟抽,这些钱都是他上门送货或者帮人往车站运货时顾客给的脚力钱。以前他把这些钱花在买面包、水果或者其他小吃上,如今在卡夫卡家里能吃到现成的点心了,于是他把零花钱全用在买烟上。

◆

第一次从卡夫卡夫人手里接过三个金盾的课时费时,弗兰基克蓦地想起自己曾跟家人说起教课这回事,当时也许是下意识,他并没有提及店主承诺有酬劳。此刻他的内心波澜起伏,自己的良知和想要享受的欲望在较量和博弈。他渴望尝试那些不寻常的稀罕物,品尝美酒佳肴,体验一下他道不出名目的好东西。三个金盾在他口袋里热得发烫,心里升腾起的强烈欲望在驱使他,这笔钱一定要用在自己身上。

但奇怪的是,每个月三个金盾的薪金一拿到手,没有一次他不是兴冲冲地拿回家上交的,从来不曾动过独吞的念头,并心甘情愿接过几文硬币,这是母亲留给他的零花钱。而现在,他在反复权衡斟酌,自己额外挣的课时费是否应该截留,独自享用。一开始他坚定地予以否决:假如不把所有的收入悉数上交，即便没人知晓，那他也变成了供养他至今的父母的不肖子；然而心底里又有一个声音在悄悄诱惑着他：哎呀，区区三个金盾即使给了父母也帮不上什么大忙，还不如纵情挥霍一番，很值得的！

弗兰基克开始盘算如何消受这笔钱，拿它去做些什么，但绞尽脑汁也没有想出一个令他满意的方式来。一支烟，一顿美味，他心里始终没有谱，而且压根儿也不能确定，自己到底想要什么。

一抬眼他发现自己正走在射出灯光的玻璃大窗户旁边，屋子里传出柔美的音乐弹奏声。他仰起头，望见一块匾额：酒吧。一股无法抗拒的力量推搡着他走进门去，在正中央的桌子旁坐了下来。此刻酒吧里不见其他客人。一位上了年纪的男侍者站在不远处，悄声在和钢琴师聊着什么。面对侍者"您来点什么"的询问，弗兰基克脱口而出：

"请您给我来一小杯上好的葡萄酒。"

迄今为止，他从未踏进过任何一家酒吧，心里也没有底该点些什么。侍者用一个高脚玻璃杯送来了金灿灿的葡萄酒，告诉他说：

"这是雪莉酒，年轻的先生。请您享用！"

弗兰基克伸出舌头舔了一下，味道真不赖。接下来他开始纠结是把这杯美味的酒一饮而尽，还是应该矜持一点，不能让人看出自己毫无经验。他一仰头把杯子里的酒嘬进了三分之一，放下酒杯，眼睛开始四处巡视这间酒屋。几张铺了洁净桌布的桌子，每张桌子边配有四把椅子。角落里的钢琴旁端坐着一位年轻的琴师，此刻没在弹奏，而是好奇地朝弗兰基克这边张望，两人相视一笑。弗兰基克问他，酒吧里怎么一个客人也没有呢。琴师告诉他说：这时间段正是所谓的"死气沉沉的空档期"，客人们要晚些时候才会纷纷到来，酒吧一般营业到半夜过一点钟。他还给弗兰基克透露，这是一家"正经"酒吧，不会出现什么陪客小姐，给客人提供的也都是质量上乘的葡萄酒。

年纪尚幼的弗兰基克对琴师的话似懂非懂，独自一人干坐着，他感觉有些索然无味。于是端起酒杯一饮而尽，给了再次出现的侍者酒钱，便起身离开，走了出来。一杯雪莉酒花掉他十文硬币。

他并没有沿惯常的路线往家的方向走，而是拐到了日莱兹纳街和哈维日斯卡街，朝市中心的壕沟街和瓦茨拉夫广场走去。今天他一点也不着急回家，胃里的葡萄酒让他浑身燥热。他步履稳健，脑海里却思绪翻滚，一刻不得平静。他依然拿不定主意，该往家里上交所有，抑或只交一部分，还是一文不交。手里的金盾不再是完整的三个，这已成为定局，但他始终想不出一个办法，既能让自己的良心过得去，又满足了奢侈消费的欲望。想着想着，前面出现了一家还在营业的烟店，他立刻回想起早上卡夫卡先生口中的雪茄烟散发出的诱人香气，毅然走进烟店也要了一根，又花去八文。

葡萄酒的后劲儿上来了，一种飘飘欲仙的感觉，无以言表的兴奋。他沿着瓦茨拉夫大街慢慢往上走，又顺着对面的大道走下来，到壕沟街之后他往家的方向走去。放眼街边的豪华餐厅和咖啡馆气派的窗户，流光溢彩，他忍不住想挑选一家走进去，点一餐丰盛的晚宴，像个"真正的先生"那样在餐桌边正襟危坐，然而他鼓不起勇气。不仅身上的衣着寒酸，而且他很快就意识到自己年纪尚幼，审视自己照在玻璃窗上的瘦小身影，还是一个乳臭未干的孩童模样。他暗自承认，凭自己这副模样出现在明亮的餐厅店堂里，肯定不会受欢迎，甚至连门都不一定能进得去呢。他深深叹了一口气，发誓将来有一天，等自己长得高大一些，赚到更多的钱，一定加倍补偿自己。

葡萄酒的酒劲儿渐渐消退了，弗兰基克急忙穿过水巷和米斯利克大街往家赶，踏进家门时比往常晚了几个钟点，母亲已在焦灼地张望。他推说今天店里活多，没法早离开，然后惴惴不安地把两个金盾和八十文钱交到了母亲手里，坦承这是自己的额外收入。他紧接着吞吞吐吐道，既然是额外收入，他给自己留二十文作为零花钱，应该不为过。

母亲喜出望外，笑逐颜开地说：

"当然不为过了，孩子，再把这三十文也拿去吧，你手里应该留一些钱，好派上用场。"弗兰基克满意地收下零钱，转身回房歇息去了。这样的结局让他很高兴，自己总算没有浪费掉更多的钱。

这天夜里他梦见自己变成了一个有钱人，成了"先生"，随心所欲地出入那些高级餐厅和咖啡馆，过上了无忧无虑的生活。

◆

时光飞逝，季节交替。店铺里的生活照旧，没有任何大的改变。弗兰基克依旧早上掸尘，然后出去买点心，回来之后提上竹篮去各家库房提货。而下午就是去城里绕着圈换货，身上挂满各式包裹再回到店里。在长途跋涉过程中，走累了他就在楼房的过道或者台阶上歇歇脚，把包裹从身上取下来，码成一堆，摆放在石阶上或者窗洞里。

现在他感觉有些消沉，不像当初那样，对什么都感觉新鲜和好奇。他常常沉湎于思考和回忆中，回忆学校生活，回忆假期，尤其是1891年那最后一个暑假。当时布拉格正在举办万国博览会周年展览，学校组织学生们去参观了两次。放暑假后，弗兰基克每周都自己去好几次。他的好朋友佩皮克的父亲恰好在展览会最大的一个展馆里服务，每天佩皮克要给父亲送午饭，他便捎带上了弗兰基克。佩皮克可以免费出入展馆，为了让好伙伴弗兰基克也不买票，他把午饭分装到两个提兜里，两人就从后门出入，那是展览会工作人员的专用通道。只要对守门人通报一声"我们是送午饭的"，就可以畅通无阻地进去。只有一次，守门人提出要查看出入证件，展会所有工作人员都有出入证，包括像佩皮克这样送饭的后勤人员，弗兰基克拿不出来。最后佩皮克向守门人求情说弗兰基克是他的兄弟，此后他们再没有遇到过任何阻拦。

放下提兜他们俩就跑出去逛展会，哪个地方都要好奇地钻进去看一眼，不该去的地儿也去了，从来没招惹什么麻烦和不愉快。遗憾的是手里没有钱，即使有也太微不足道，这让他们十分沮丧和懊恼。在两个小男孩的眼里，让他们眼馋的东西实在太多。五花八门的游戏、旋转木马、跷跷板、滑梯、小剧场演出，加上展馆和展台出售的来自世界各地的美食，看得他们向往不已。没想到的是，接下来的那一个星期，他们竟如愿以偿，在喜出望外中度过了一周。

那天他们手提午饭兜子，急匆匆地奔走在水街上。突然弗兰基克的脚踢到了一个不显眼的纸卷，一枚硬币从纸卷里滚出来。两个人不约而同停下脚步，佩皮克眼疾手快，一把将硬币捡起来揣进衣兜里,他推了弗兰基克一把,两人赶紧撒腿跑起来,想尽快从捡钱的地方消失,担心失主返回来寻找硬币而撞上他们。两人一口气跑到了另一条街上,躲进一栋公寓楼门后,迫不及待地把钱从衣兜里掏出来看,是一枚崭新的两元面值的金盾。这枚硬币显然是一个倒霉小孩不小心丢失的,没准还是从大人手里得到的赏赐呢。把钱送回去断然不可能,因为不知道失主是谁;交给警察,他们没有考虑,那不等于谁也得不到了。他们俩一致认为,失主不会报警。

为了把两元金盾兑换开,他们跑到最近的一家水果店买了些水果,把钱和水果友好地均分了。此后的博览会游览,他们才真正过足了瘾。

◆

弗兰基克把姐姐佩比奇卡也带到博览会参观了几次,这是他生命里最美好的时刻。姐弟俩一大早就出了门,为了节省午餐钱,他们随身带了小吃。弗兰基克对博览会早已轻车熟路,他一马当先,带领姐姐参观了不同的展馆,给她讲解让人眼花缭乱的展品。如果姐姐自己来的话,要找到那么多展厅,看到那么多好东西似乎不太可能。姐姐也倾其所有,给弟弟买了各种小礼物。

转完几个展馆和展厅,姐弟俩已经累得腰酸腿乏,在紧挨着音乐会乐队的地方坐下来喘口气，吃掉了家里带来的小吃。下午两人进了一家餐馆，也可能是咖啡馆，反正博览会上类似的消费场所不计其数，专门供前来参观的人解渴消暑。为了犒劳一下他们自己，姐姐掏钱买了冰激凌、蛋糕和糖果。

有一个细雨迷蒙的星期天，博览会上人头攒动，姐弟俩找不到避雨的地方歇脚，餐馆和咖啡馆里外都挤满了人，进都进不去。后来他们在洛沃斯糖果厂小展馆的屋檐下找到了立足之处。这家糖果厂在展会上推出一款新产品——软糖，在那个时代软糖是新奇的稀罕物，美味、馥郁、细腻，一嚼即化的彩色糖块一下子把姐弟俩迷住了。一晚上他们就在亭子边上待着没有挪步，神奇的软糖吃了一袋又一袋，花十文钱就能买到一袋！

雨终于停了，他们往下走到博览会广场的空地上。雨后绚烂的晚霞把广场上起伏跳跃的喷泉渲染上艳丽的光彩，这成了令人难忘的奇观。游客满怀热情地加入了乐队合唱团，一起纵情高歌，唱的都是捷克民族歌曲，诸如"我的故乡在哪里"[①]"捷克人常在""嘿，斯拉夫民族"等等。此后在布拉格再没有机会目睹捷克国民如此高涨热烈的感情。直到第一次世界大战结束，捷克共和国第一任总统马萨里克先生从国外归来，类似的情景

---

① 捷克的国歌。

才得以重现。

等姐弟俩想起回家的时候，已是夜色阑珊。他们从占地面积庞大的机械馆穿行而过时，一股深沉、雄浑的汽笛警报声在他们头顶上咆哮起来，震耳欲聋。这是提醒人们即将闭馆的警报，每天晚上都会鸣响。两人毫无准备地被这蓦然而起的巨大声响吓呆了，挪不开步子，一动不动待在原地，不知道发生了什么。只觉得脚下的土地在震动，周围的空气在战栗。他们听到过工厂里的鸣笛，然而博览会上的汽笛声更让人恐惧，似乎身边的一切都在哆嗦。他们正好站在巨大的警报器下，距他们头顶不到三米。好一会儿，姐弟俩才回过神来，往家走的一路上耳朵里依然鸣响个不停。如此振聋发聩的汽笛声，姐弟俩还是第一次见识。

♦

坐在一个陌生的公寓楼台阶上的弗兰基克回想起这一切，忍不住呵呵笑出声来，笑声惊醒了自己，得赶紧把置办好的货品送回店铺去了。今天在外面耽搁太久了，店铺里一定在盼着他回去，当然挨骂是免不了了。

弗兰基克把东西往店铺里一撂，直奔弗兰茨·卡夫卡而去，躲到了楼上的公寓里。他顾不得喘口气就开始投入地教课，然后出去散步，等散完步回到店铺时，差不多快七点钟了。

弗兰基克在店堂里转悠了一圈，不知道该做什么好。其他人都在核对订单，往柜台上码货，这是店铺里每晚必须进行的程序，这段时间是不允许掸扫货架的，也不允许在店里来回走动，免得妨碍别人。弗兰基克躲进了后库房，他的双腿累得发酸。他选中一个角落，在包裹上坐下来，尽量缩紧身子，不让别人看到自己在偷懒。这种美事没有持续多久，库房门口探进一个花白脑袋来，接着一个熟悉的瘦小身影进入他的视线。那人在库房扫视几眼，迫不及待地发问：

"弗兰茨，你在吗？"是卡夫卡夫人的父亲洛维。他时刻不忘亲自出马，仔细盘查店铺，确保伙计没有搞小名堂、没有偷奸耍滑。

"我在，洛维先生，我在这儿整理废纸呢。"弗兰基克慌忙回答，随手把散落在地板上的报纸拢成一堆，立刻站起来。那时的规矩是，店员在上班时间绝不允许坐一下，一整天都必须站着。

洛维显然不是吃素的，他什么事情没经历过，早就练出一双火眼金睛。他走上前来，指着弗兰基克的鼻子训斥道：

"即便你手头没事可干了，弗兰茨，你就不会把这些绳子整理出来？你看不见绳子又堆满了几箱子了吗？"弗兰基克只得乖乖听命。作为学徒，只要身在店里，休想得片刻空闲。

晚上下班时弗兰基克留意到，过道里堆放的通常是雅诺什白天从火车站拉回来的木板条货箱，这一次一个大木桶立在那里，有自己个头那么高。他心生好奇，很想探究一下里面装的是什么。第二天在接收和拆封到店的包裹时，他弄清楚了，木桶里装了一百多个麻布袋子，里面装有上千颗小男孩玩的彩色石球。弗兰基克心想，如果在一年前，自己手里能有或者谁送他这么一袋石球的话，那他就是天底下最幸福的男孩了。现在他只是叹了口气，因为他明白，如今玩石球或者同龄人玩的其他游戏，对他来说已是一种奢望。他猛然意识到，眼下已到了春季，他在卡夫卡店铺当学徒，不觉已经半年有余。

◆

接下来那个月的1号，发薪水时，卡夫卡先生把五个金盾放到他手中，而不是三个。先生说：

"自今天起给你加薪，弗兰茨，好好干吧。"那还用说，弗兰基克自然惊喜万分。今天傍晚居然比平时还早下班半个多小时，因为卡夫卡夫妇晚上要外出访客或者有社交活动，这种美事实属罕见，难得大家听到那熟悉的"休工"声音，比往常提前了半个多小时。

弗兰基克口袋里揣了五个金盾，激动地冲上街头，但他走了几步之后向右一拐，朝老城广场而去，直奔那家他每天早上给卡夫卡先生买雪茄的烟店。他自己都纳闷,今天怎么突发奇想要去烟店,等他回过神来,一根浅色带斑点的雪茄已经拿在手里。从烟店出来,他重新折回策莱特纳大街,穿过希克斯特大楼下的过道,像往常一样抄近道往家走去。

弗兰基克顺着熟悉的老路缓慢独行,仿佛被催眠似的,没走多久,他在一家酒吧门口停下了脚步,眼前就是那家他第一次领取课时费后惶惶然光顾的酒吧,这一次他毫不迟疑,推门而入。

恍若有一股无形的力量在推动,让他在突如其来的意外加薪的快意中,迷醉于一些不寻常的消遣,满足了他由来已久的欲望。他以为店主在一年之后才会给他加薪,在家里也讨论过这件事,家人都告诉他说,学徒通常要干满一年才会加薪。因此,店主今天额外支付的两个金盾就如同从天而降的礼物,只能为自己所享用,也算是对他这几个月来在陌生人中间遭受的苦难和折磨的一种补偿。当一杯轻泛着气泡、色香味俱佳的雪莉酒摆放到他面前时,他这样安慰自己。

雪莉酒喝起来跟第一次品尝时一样享受,口中还衔上了一支优质雪茄,待在酒吧里的感觉真是爽。只是愧疚的感觉重又浮上心头,开始了新一轮的欲望和良心指责间的斗争,良知在提醒他把钱交回家。弗兰基克一会儿心情沉重,一会儿怡然自得，享受着高级葡萄酒和芬芳雪茄带给他的新鲜和惬意。对这种生活的向往诱惑他痛下决心：就这么办，不跟家人提及加薪的事，往后每个月多得的两个金盾始终归自己支配。他这样劝慰自己：眼下家里的日子还过得去，虽没有盈余但也不短吃喝，父亲薪水不少，姐姐佩比奇卡和哥哥冬尼克也在挣钱补贴家用、上交饭费，母亲在家里操持家务，没有后顾之忧，还能揽一些零活挣些零钱，自己扣下这份外快无妨大碍。

  这一次弗兰基克在酒吧里同样没有多耽搁，更没有像上一回那样喝完酒后在瓦茨拉夫大街上溜达一圈，而是出门后径直朝家奔去，踏进家门时跟平常回家的时间差不多。他把三个金盾交到母亲手里，表情当然不自然，俨然做了亏心事似的，愧疚之下差点把兜里剩余的钱一起掏出来，他非常渴望炫耀一下那种加薪的自豪感，但他克制住了冲动，什么也没有说。吃完晚饭就赶紧钻进被窝里，不让家人看出他内心的兴奋和不安。矛盾的心理让他脑子里混沌一片。

◆

  第二天，弗兰基克在店铺里被委任一项新任务——出门去要账。这项工作至今一直由会计助手布洛什承担，欠账的都是一些熟识的老客户，从店铺里赊账买了货，但资金数目不大。弗兰基克拿到一张纸，纸上记着需要去要账的债务人的姓名、地址和欠下的款额。会计嘱咐他说,每个欠账人的家里都必须走到,但不要多耽搁,也不要轻易被三言两语打发走,必须把钱要回来。

卡夫卡夫人借给他一个大皮夹,提醒他多加小心:首先不要被人蒙骗了,其次不要把钱弄丢。弗兰基克看到自己被委以如此重任,豪情满怀地出发了。他照着名单去了第一户人家,勇敢地敲响了门。

一位中年妇女打开了门,个头不高,是犹太人,开口就用德语问弗兰基克是谁,干什么来了,但没有让他进门,就让他站在走廊上。一听弗兰基克用捷克语回答说他是卡夫卡店里的伙计,上门来要账的,那女人赶紧把弗兰基克让进了厨房,迅速关上房门,显然她不愿意让邻居知道她被人上门索债的事情。这个女人大约在六个星期前在卡夫卡店里买了一些货品,至今没有付账。

女人让弗兰基克重复了一遍来由。第一次出门要债的弗兰基克显然缺乏经验,话说得很生硬,弄得那个女人脸上挂不住,露出尴尬的神色。她打量了一下眼前这个矮小的男孩,思忖片刻,感觉似乎没有必要跟他多做解释,也无须表达歉意。她走进房间,很快就出来了,手里拿着钱。

"这是欠店铺里的货款,这六文钱是你的辛苦费。"边说边委婉地将弗兰基克推到走廊上，在他身后锁上了门。

"唔，"从楼梯往下走的时候，弗兰基克轻声自语，"这活计不赖嘛。"走出楼门，他继续找另外几个欠款人。接下来的那几家表现大多过得去，很平静地接待他，一句多余的话没有，便把钱痛快地付了。可是，也遇到了很难对付的，不仅说话难听，一文钱拿不出来，还冠冕堂皇地说他们会亲自到店铺去结账，卡夫卡先生根本犯不着派人上门来催要。弗兰基克也不是那么好糊弄的，他不依不饶站着不走，对方一怒之下把他赶出了门，给他辛苦费的只有少数几家。

走到第十个欠账人家里的时候，碰上了一个男人，他的举动大大出乎弗兰基克的意料。那人听完弗兰基克的来由后，哈哈大笑几声，马上从口袋里掏出二十文钱塞到弗兰基克手里，随后把他推出门去，嘴里喃喃说道：

"拿上钱，赶紧走，回去告诉卡夫卡，就说我们搬家了。"等男人转身时，弗兰基克回头从半掩的大门往房间里扫了一眼，看见一位年轻小姐，非常漂亮，只穿着睡衣，张大嘴巴正乐得合不拢嘴。

回到店里，弗兰基克把钱悉数交给卡夫卡夫人，详细汇报了要账的全过程，但对于收到的辛苦费和在那个开朗并善于调侃的男人那里见到的一切，他只字未提。夫人说，他索要回来的钱应该可以更多一些,之后她自己也承认,凭弗兰基克这般小小年纪,是不会有勇气对欠账人说出太严厉的话来的。从此以后,卡夫卡夫妇依然派会计助手布洛什出去要债,只有当布洛什生病了,才偶尔让弗兰基克代劳一次。

◆

　　有时在同一天里,一下子会有好几个从乡下来的商人光顾店铺,这下大家就有的忙了。伙计们在店堂和库房之间来回奔跑,商户们挑选好的货品堆满柜台,像小山一般高。货物必须马上捆成大包裹,随商户们一起运上火车带走。常常出现这样的情形,仆役雅诺什用双轮手推车往不同的车站来回运送了好几趟,依然忙不过来,这时就会派另一个伙计用第二辆手推车送货。店主不敢放手让弗兰基克独自运送货物。手推车装满货物之后,重得连店主自己都推不动,更不用说让小弗兰基克一个人推着车穿行在车水马龙的大街上,一路前往火车站了,所以每次都会派古斯塔夫或者罗伯特跟弗兰基克搭伴同行。

　　小伙计们都不喜欢用手推车。只要自己能拿得下,他们宁愿身体力行去车站送货:用两根结实的粗绳把大包裹捆绑在两个肩膀上,其他小一些的包裹提在手里,算下来每个人至少要肩负手提十来公斤货物。其实,二十公斤甚至更重的负荷也是常态,这实在是一项苦差事。还好,大家把分量轻一点的包裹分给弗兰基克,重一些的留给年龄大一些、体格健壮的伙计。沉甸甸的包裹,遥远的路途,步履匆匆,途中不能歇脚。一路扛下来,弗兰基克瘦弱的身子,就如同从直销仓库背回置办的货物时那样,几乎要散架。他的右肩膀因为常年扛重物的缘故微微垂塌,明眼人都能看出来。这个身体上的残疾,是他早年学徒生涯留下的永恒印记。

古斯塔夫是犹太人,对弗兰基克有更多的理解和同情。每次他们俩一走到街上,他马上会从弗兰基克手里拿走一个包裹,给自己再增加一份重负。

有一次,弗兰基克推着双轮手推车和罗伯特一起前往位于希伯伦大街的国立火车站送货,那一次两人真是经历了一场惊心动魄的冒险,也反衬出罗伯特所谓的德意志英雄行为。在走到火车站前的十字路口时,装满货物的手推车闯进了路中央,人流、马车、有轨电车左右相对,来回穿梭不停,手推车摇摇晃晃,忽左忽右。十字路口的交通素来繁忙杂乱,险象环生,弗兰基克顿时陷入了车流漩涡,这阵势两人以前从没有见识过,一下子慌了神。从各个方向驶来的车辆,朝他们吼叫,马车夫骂声不断,电车疯狂地鸣喇叭,路中央维持秩序的警察无助地挥舞双手。手推车顷刻间被包围在一片喧嚣的混乱动荡之中,堵在那里动不了。他们身前背后的马车夫们拼命勒住缰绳,不然马匹就撞到他们身上了。罗伯特吓得脸色煞白，瞪大了眼珠子，他撇下装满货品的手推车和弗兰基克，三步并作两步蹿到了人行道上，差点被猛然勒住身子的马悬空而立的马蹄拍到脑袋。

弗兰基克停下脚步，紧紧把住摇摇欲坠的手推车，他被四周鼎沸嘈杂的叫嚷声彻底淹没了，成了众矢之的。马车夫的咒骂声，受惊马匹的嘶鸣声，有轨电车刺耳的刹车声，这些潮水般朝他汹涌而来。

罗伯特临阵脱逃，躲到了火车站里面。

警察好不容易挤到手推车旁边，看到把着一车货物的竟然是一个瘦弱的男孩。他回头朝一位马车夫示意了一下，那人马上从自己的马车上跳下来，在警察的指挥和监督下帮忙把手推车推到了人行道旁边的空地上。刚才挤作一团，动弹不得的车流重又缓缓地动起来，一转眼，十字路口恢复了平时车来人往、繁忙有序的景象。

弗兰基克吃力地将手推车一步步挪到了火车站进站口，幸好火车还没有驶离。商户们望眼欲穿，早就急不可耐了。他们赶紧卸下包裹，顺手把小费塞到弗兰基克手里。弗兰基克左顾右盼，寻找罗伯特，始终不见他的踪影。终于，罗伯特从厕所里走出来了，脸色煞白，神情惊恐。弗兰基克戏谑地看着这位

"英雄"边走边系裤子，一副失魂落魄的狼狈样，忍不住哈哈笑出声来，朝这位走过来的"英雄"喊道：

"红色、黑色和黄色，德意志英雄的颜色，在裤子里吧。"罗伯特气得脸都歪了，但在这种场合又不好发作，只得恶狠狠地瞪着弗兰基克，咬牙切齿地说：

"你这胆小鬼，把小费给我拿过来！"弗兰基克把得到的小费很公平地分给他一半，免得他找碴报复。罗伯特拿到小费后，气儿顺了许多，两个人转身回店铺，一路无话。走到策莱特纳大街时，罗伯特凶狠地威胁道：

"你听好了，今天的事情你胆敢在店里胡说八道，我饶不了你。"弗兰基克轻蔑地一笑，不屑搭理他。回到店铺后，他什么也没提。跟谁去诉苦呢？先生和夫人老一套，即使教训罗伯特几句，他根本不在乎，反而对弗兰基克变本加厉，愈加仇视。而其他店员就在一旁看笑话。等弗兰基克晚上跟家人说起今天的险遇时，母亲吓得不轻，姐姐佩比奇卡则对他竖起了大拇指。父亲和哥哥冬尼克还没有下班，弗兰基克后来没有再跟他们提起。

◆

迄今为止，每个星期天的下午，弗兰基克基本上在家中度过。干了一星期繁重的体力活，他实在劳累不堪。在店铺里，除了吃午饭时间以及给小卡夫卡上课的时候能坐下来，其他时间他始终站着。所以好不容易挨到星期天下午，他只想待在家里休息，读读报纸，看看书，或者画一会儿画。上床睡觉也比平时要早，为了攒足力气应对下一个星期的体力活。

元旦过后，弗兰基克偶然碰见了在市民中学一起上学的同学克拉萨，他们还是老街坊，都住在椴树街上。如今克拉萨在学习图书装帧或其他类似的工艺，他邀请弗兰基克加入他和另外几个朋友一起组建的合唱团。弗兰基克欣然接受了邀请。

下一周的星期天，他去了椴树街。在这条久违的街道上，弗兰基克看到了当初自己出生的老房子，回想起了平静而快乐的童年。弗兰基克在这条街上生活了十三年，后来全家搬到了希特科夫斯卡大街，现在也还住在这里。在他看来，椴树街没有什么变化，比他想象中还要显得狭窄和单调。在这条窄窄的街巷里，当年他蹒跚学步，上学后跟别的小学生嬉戏追逐的画面历历在目。如今故地重返，内心油然生出些许豪情：自己不再是一个普通的小男孩，已经跟成人一样"有所作为"，并且开始"挣钱"了。

在好朋友克拉萨的家里，弗兰基克结识了克拉萨的姐姐玛申卡，一位十六岁的少女，在某个地方学裁缝手艺，还有克拉萨的表姐海伦娜，非常俏丽的一个姑娘，和玛申卡同龄，也在学做女裁缝。此外，还有克拉萨的朋友格拉，再加上邻居家的两个男孩，他们都是当学徒的。这几个人组成一个合唱团，格拉担任指挥，在这几人当中数格拉年龄最大，已经十七岁，不久将结束学徒生涯出师了。

谁也不识乐谱，他们的歌唱表演仅限于唱民歌。乐团"指挥"格拉一本正经地教大家唱"双声部"，没有小提琴伴奏，全凭耳朵听，即便有小提琴也没有人会演奏。

年轻人待在一起激情飞扬，经常有一些陌生人前来听他们唱歌。在这次聚会上，大家商定下周日举办一场歌舞表演，每个人都得准备节目，念打油诗也好，唱歌也罢，反正人人要上台表演。

弗兰基克立刻想起自己在花园晚会上曾经看到过的一段滑稽表演，那次是由捷克斯洛伐克商会组织的文艺演出，哥哥冬尼克带他去的。记得表演者将一个硬纸箱竖在桌上，顶部的一端挖有一个椭圆形的孔，大小足以钻出一个年轻人的脑袋。圆孔的下方绑上一个长布袋子，里面塞满稻草或者布头之类的东西，然后用长布条捆起来，或者是画上两道，看上去像真的布条一样。一个男孩的脸从孔洞里钻出来，他看起来更像一个裹在襁褓里的娃娃，一个灵活的大头婴孩，而襁褓就像悬挂在空中似的。

扮婴孩的那个人时而咿呀学语、时而哇哇号哭或者咯咯大笑，时不时转一下眼珠子，动一下嘴巴，幼稚地回答他的搭档或者观众提出的问题，滑稽而有趣的场面逗得在场的观众们捧腹大笑。

弗兰基克开始动手准备这个精彩的节目，他还要用黑色魔杖为"合唱指挥"先生制作一根漂亮的指挥棒，在顶端套上一个小金属圈，这是他花费五文钱在军需用品商店买来的。因为他曾留意过，军乐队乐手们穿的制服大衣的衣领上，大多点缀有这种金属装饰品，所以他知道去哪里能买到这个小玩意儿。

他们还邀请了另外几个熟识的男女伙伴出席演唱晚会，合唱团的演出非常成功。后来每隔几个星期他们会组织一次晚会，当然表演的节目会有所变动。上台演唱的歌曲和表演的段子都事先准备好，为了让自己的节目受欢迎，大家都用心准备，很投入。共同度过的这几个美好的星期天的下午，让每一个参与其中的人都难以忘怀。

可惜好景不长，合唱团没有维持多久就解散了。起因是几个星期之后，两姐妹之间产生了口角，甚至争吵起来，男孩子们也不可避免地掺和进去。玛申卡指责海伦娜太傲气，自以为长得有姿色，海伦娜也毫不客气地"回敬"她，而且用了令人无法接受的"可怜虫"这样的字眼中伤克拉萨全家人。如此一来事态扩大了,克拉萨义不容辞出面袒护姐姐,而格拉呢,挺身站到了海伦娜一边,他公开表示自己一直爱慕海伦娜,只是以前没有表白而已。就这样,两队人马拉开架势,对阵吵起来,谁也不甘示弱,一边谩骂一边往门外走去,最终不欢而散。

此后大家没有再相聚。许多年之后,弗兰基克偶然在街上遇到过克拉萨,互相简单交流了几句之后,再不曾谋面。

◆

明媚的春天如期而来,弗兰基克跟所有生活在都市里的人一样,对草长莺飞、充满生机的大自然心驰神往。在培训学校里他新结交了几位好朋友,如今,在每个星期日的下午,几个小伙伴相约,结伴出游,路途或近或远。大家散散步,放松身心。有时和其中某一个,有时和一群人一起远足。

每逢星期日中午,上完课他们就飞奔回家,匆匆吃完午饭便一路小跑,赶到与同伴们约好的地点碰头。他们曾经从庞克拉茨走到科尔奇,或者从布拉格城堡区散步到利伯茨再到野丁香园,有时也会去呼赫勒或者其他著名的游览地。当然,他们也去一些常人鲜有涉足的踏青地。

一个周日的下午,突然下起了瓢泼大雨,出门远足自然成为泡影。哥哥冬尼克在午饭后也没有出门,往常这时候他可是从不着家的,不是兴冲冲去找商会的朋友们娱乐,就是集体外出郊游，他们那一伙年轻人还经常组织舞会。冬尼克尤其爱好跳舞，他喜欢围在女孩子身边跟她们周旋。

这场突如其来的大雨把冬尼克也堵在了家里。他百无聊赖地坐着，眼巴巴地盼着夜幕早点降临，好出门去舞场里跳舞。下午三点左右，雨骤然止住，天空开始放晴，太阳从云端里探出头来，把亮丽的光线撒向大地，之前下雨的迹象丝毫不见了。冬尼克转过头来，对弗兰基克说：

"现在出去郊游，为时已晚，离天黑呢尚早，嗯，如果你愿意，可以跟我去划船。"这横空出世的邀约令弗兰基克深感意外。平时哥哥冬尼克对他一向爱搭不理的，这个二十岁的小伙子已晋升到"店长"的职位，自然对小自己五岁多的学徒弟弟有时都懒得瞧一眼。弗兰基克对哥哥也不抱非分之想。

自己的耳朵没有听错吧？去划船！是冬尼克邀请自己去划船！划船可是弗兰基克梦寐以求的心愿！曾经多少次，在星期天的下午，他长久地徜徉在伏尔塔瓦河堤岸边，驻足望向一叶叶小舟，它们悠闲地在河面上荡漾，沿河畔划向岩崖区。每一次他都羡慕得不行，梦想自己有一天也能坐到小船上，痛痛快快地划一回！

"我很愿意去，冬尼①！"弗兰基克立刻痛快地应答，"拜

---

① 冬尼克的昵称。

托，带我去吧！"

兄弟俩果真出了门。他们顺伏尔塔瓦河滨走上帕拉茨基大桥，跨过大桥，左侧就是斯米霍夫冲积滩。再沿着河岸一直往前走，等那座铁路大桥映入眼帘，租船码头便到了，它就设在铁路桥边。

那种被称为"便鞋"的小型平底船，船身狭窄，船头偏尖，船上设两个座位，最多能坐下三个人，再多船身就承受不了了。两侧的船舷上架有一对船桨，这种船的租赁费是每小时十文钱。稍大稍好一点的船叫做"约拉"，形状似花生壳，没有桅杆和帆，只有一对木桨，租赁费稍贵，一小时二十文。那些扬起风帆在水面上游弋的船只，看上去美轮美奂，那是属于私人业主的小艇，是无法租借的。

等兄弟俩走到码头，时候已经不早了，只剩下唯一一条被称为"便鞋"的小船，其他所有的船都被租借一空，此刻正快乐地飘荡在伏尔塔瓦河水面上。目光所及，从维谢格拉德山崖下的希特科夫斯卡冲积滩一直到布兰尼克区，皆是泛动的叶叶扁舟。

冬尼克一下子支付了两个小时的租船费。

"今天我必须教会你划船。"哥哥对弟弟说道。弗兰基克一脸景仰地看着他，说话间冬尼克已经坐到了船桨边的位子上，看得出来，对划船，他相当老练。

"用心看好了，我是如何划桨的，等你看出点名堂，我就让你来划。现在上船来吧。"

小船实在太轻，弗兰基克刚踏上一只脚，船身就剧烈地摇晃起来，他差点掉到水里。在岸边的船工和冬尼克的搀扶下，他才在小船上安坐下来，双手死死抓住船舷，不敢有丝毫松懈。

船工用一只脚将小船推离河岸，冬尼克拿起船桨，他先摇动其中的一支，让船尾靠近河岸，然后再双手划动双桨，动作轻巧，朝同一个方向均匀使着劲儿。小船驶向了宽阔的河中央，水面微微泛起涟漪。兄弟俩面对面坐着，冬尼克背对船头——划船的人一般都逆向而坐，不需要看小船行驶的方向。哥哥关照弗兰基克，让他留意前方的动向，提醒他小船该往哪个方向拐，免得撞上障碍物、桥墩或者别人的船只，河面上的小船可谓星罗棋布。哥哥接着对弗兰基克解释说，船桨在手里要握得轻，在水中要划得浅，只需在水面上轻轻划动。桨划得过深，枉费力气，不一定能达到更快的速度。

"现在如果按你说的方向，要往右边转，那我就得划动左桨，"哥哥补充道，"右桨呢，这时就要抬离水面。假如要往左拐的话，那么就划动右桨，把左桨抬起来。"哥哥顺口打趣道：

"注意看好了，待会儿等你划的时候，可别给我搞砸喽。"

他们的小船渐渐地靠近了河中心。弗兰基克注视着水面上一个接一个的漩涡，有一种眩晕的感觉。伏尔塔瓦河河面在这一地段变得异常开阔。弗兰基克打量着这一叶轻巧脆弱的扁舟，心里不觉焦虑起来，因为他的身体在座位上稍稍往左或者往右挪动一丁点，顷刻间小船就会摇晃不停，令人揪心；而他的双手往两边一伸，无须弯腰，手指就能触碰到河水。抬头四顾，他只看见宽阔浩荡的水面，远远近近的大小船只和划艇上的人都在奋力划动双桨。还有几艘带桅杆的彩色"约拉"，高高扯起炫目的白色三角布帆，在微风中徐徐舞动。

小船驶入了河中央，朝帕拉茨基大桥划去。他们打算从大桥下方穿过，一直划到希特科夫斯卡冲积滩。

在中间的桥洞下，弗兰基克留意到前方不远处一艘巨型汽轮正迎面全速驶来，汽轮已经发出了警告信号，提醒河面上的所有船只做好准备，尽快躲开。

弗兰基克吓得失声惊呼：

"冬尼克，有大汽轮撞过来了！"冬尼克迅速回头望了一眼，镇定地说：

"没事，还有一段距离呢。现在你瞧好了，在这种时间不多的紧急情况下，要让小船躲避到远处，应该如何操作。"说着他立刻从河心往左前方使劲儿划动双桨，尽量让小船最大限度地远离汽轮，然而小船还是朝汽轮正面驶去。一瞬间汽轮咆哮着，伴着哗哗的波涛声从他们的右侧轰鸣而过，在身后掀起足有半米高的巨浪，蔚为壮观，从船尾呈扇形向两边的河岸奔涌而去。冬尼克重新回头瞥了一眼，敏捷地驾驭着小船，迎头冲入第一波扑面而来的高耸的浪潮，随后垂直落下去，再摇摇晃晃起来迎接密集席卷而来的第二波和第三波浪潮，直到汽轮渐渐驶远，浪潮才慢慢变小，最后归于平静。

  他们的小船就这样起起落落，近十次穿过迅猛而来的汹涌波涛。冬尼克几乎趴下了身子划动双桨，但始终面带微笑。弗兰基克早已吓得面无血色，惊恐万分，双手死死抓住身下的座位。有一点他看明白了，假如他们的小船和波澜壮阔的浪涛平行而驶，而不是像冬尼克那样及时应变，直接冲向浪涛的话，那么小船早就被打翻了。想到这儿，弗兰基克的后背一阵阵发凉。

  小船划到了希特科夫斯卡冲积滩，两人调换了位子，弗兰基克没有胆子在河里划船时调换。

  因为紧挨河岸，弗兰基克划动双桨，表现得得心应手、颇有感觉的样子，似乎学会划船并非一桩难事。他的双手很有力量，每天在店铺里搬运那么重的包裹，早就练出来了。划了个把小时之后，他也敢稍稍往河中心的地方划去了，汽轮一般不会开到这些地方来。冬尼克大方地夸了他几句，表扬他领悟得快，再有机会划上几次的话，就可以独自在河里驾船了，不至于出什么危险。

"咱们往回返吧，"冬尼克提议，"回去的路是逆流而行，说不定还会碰上几艘汽轮，要不咱们换回原来的位子，由我来划桨吧。"说着他在小船上站起来，准备从船尾直接跨到船桨这边的位子。小船又剧烈摇晃起来，弗兰基克惊叫道：

"慢着，你先坐下。等我把船划到岸边，靠岸后再调换位子，不然会翻船！"

冬尼克忍不住笑起来，告诉弟弟说，当初自己学划船的时候也是这个样子，现在一点问题也没有了，哪怕在河心地段他也能毫不费力、面不改色地调换位子。弗兰基克把船划到浅滩上，兄弟俩调换了座位。冬尼克用桨一推，将小船推离岸边，不一会儿小船再次漂浮在宽阔的河面上，他们安然无恙地返回到了租船码头。

弗兰基克向哥哥表达了由衷的感谢，为埋藏心间的夙愿得到意外满足而欢欣鼓舞。他相信只要适应了小船在水上的颠簸摇摆，便一定能学会划船。兄弟俩在半路上分道扬镳，冬尼克去别的地方继续娱乐，弗兰基克径直回家。

星期一早上，弗兰基克几乎下不来床。从肩膀到胳膊，再到全身，没有一处不酸痛异常。昨天划船时，他用力过猛，手掌心里生出了粗糙的老茧和水泡，但这没有减少他的喜悦：他已经上过船，并学会了划船。

出家门的时间比平时迟，他在大街上一路小跑，免得晚到店铺。一冲出希克斯特楼下过道，他不得不停住脚步——马路过不去了。从火药塔方向走过来一长列部队，方阵一个挨着一个，紧密排列，朝老城广场方向行进。队伍走了大概有一阵子了，因为弗兰基克看见前一列方阵的最后一排士兵，已经在老城广场上了。随后过来的是冗长的步兵阵营，奏着军乐。炮兵也过来了，推着各类轻型和重型大炮，然后是骑兵，并不宽敞的策莱特纳大街，此刻熙熙攘攘，人满为患。

店主卡夫卡就站在店铺门口，他看到了在街对面站着的弗兰基克，冲他使劲儿一甩头，意思是让他快速穿过士兵队伍，到店里去。说起来容易，士兵们一个紧挨一个，即便在每一个方阵的空隙之间，也总是夹着一个或几个骑在马背上的军官，弗兰基克惧怕那些高头大马，不敢贸然冲过去。等到战车的队伍过去了，在两列马车方阵之间总算出现了较大的间隔，弗兰基克才一鼓作气冲过去，跑进了店铺。卡夫卡先生随后也进到店里，此时已是早上七点半。

"你早就可以想办法钻过来的，"他对弗兰基克说，倒是没有生气,"店里就等你了。"说完他冲后面喊道:"皮克!"

被大家称为"地方代理商"的皮克跑了过来,小个子,长得圆圆乎乎的。他看到弗兰基克后,转头问卡夫卡:

"我们可以出发了?"

"当然,"店主回答,"带上弗兰茨,你们可以出发了。"

皮克指了指柜台上早已摆好的两个包裹中的一个说:

"今天你跟我走,弗兰茨。"说完他抓起另外一个包裹,往店铺外走去。

弗兰基克把皮克说话时指着的包裹扛到肩膀上。包裹特别重,手提或者甩到背上都不合适,根本拿不动。唯一让他感到安慰的是,皮克扛的那个包裹相比他的要重得多,况且皮克的个头也不高大,长得并不结实。他们走过了日莱兹尼街,穿过禽蛋市场,从普拉蒂斯楼下过道钻出去,经斯巴莱纳大街到了奥斯特罗夫尼大街,这是他们今天要到的第一站。

◆

一路上两人无话,尽管弗兰基克极想知道今天他们要去哪里,需要走多长时间。皮克在前面领路,与他间隔两步的距离。他们走得很急,大街上的喧嚣、络绎不绝的行人和马车、反反复复穿梭的马路,这些似乎都让弗兰基克无暇开口提出自己的疑问。

到了奥斯特罗夫尼大街,他们在一家店铺门前停下来。皮克叮嘱弗兰基克在这里等候,看好随身包裹,他会出来叫他,说完便消失在店门里。不久他再次出现在店门口,冲着弗兰基克点头,示意他也进入店铺。

在这家商店的柜台上,弗兰基克看到了皮克已经打开的包裹,包裹里的货品摊放开来,"代理商"在一件件做着推销。店主是个女的,她细细察看着面前的每一件货品,有围裙、连裤袜、亚麻布内衣以及弗兰基克很熟悉的东西。皮克还在忙不迭地从包裹里往外掏货品,介绍它们的优良质地和精致做工,他用令人信服的话语赞美着。妇人摸了摸布料是否结实,量一量尺码大小,还不时对货品评价几句,也提了若干问题。她把几件货品放到了一边,等她把皮克包裹里的东西都浏览一遍之后,才开始对她放在一旁的那些货品讨价还价。

这桩生意颇费口舌,耽搁不少工夫。店里常有顾客上门来购物,妇人就中断与皮克的商谈,先去服务自己的客人,把生意先做下来。最后,总算谈妥了订单,皮克把它们一一写到记事本里,动手往包裹里收拾货品。

"你们的第二个包裹里装的是什么?"女店主问。

"噢,这是葡萄园街的客户订购的货品,我们正准备送去呢。"皮克回答。

"给我看一眼吧。"女店主央求。

在"代理商"的默许之下,弗兰基克把包裹放到柜台上,解开。三个人都看到了,包裹里装了几打色彩艳丽的围裙,还装饰有好看的蕾丝花边。这些花哨的围裙正适合年轻的姑娘和少妇们使用,似乎装扮的成分多于穿着干活的实用性。在这一类小商品上,无论是供应商还是中转商都能狠赚一笔,比普通便装赚得更多。人们心甘情愿为华丽的奢侈品多掏银子,反而不计较价格。

"你们瞧,这么好看的东西居然不拿给我看,"妇人抱怨起来,"这才是我中意的货品呢。"她边说边爱不释手地翻来翻去,摆弄个不停。

"呃,尊敬的夫人,这批货是按照特殊订单找人专门定做的,它们的价格对您来说可能有些昂贵。"皮克略显迟疑、欲言又止地说。弗兰基克注意到了,在他的表情里暗藏着掩饰不住的得意。

"是吗?那报价是多少?这几件围裙真让人爱不释手呢。我可以拿下半打,你能把这几件围裙留给我吗?"

"恐怕不行,尊敬的夫人,我们正准备给葡萄园街的店铺送去呢。刚才我已经说了,客户在那边正等着我们去送货,他们马上付现款。那是我们的固定客户,我必须保证把货品如数送到。"

"行了,同样的货在你们库房肯定还有很多,再说了,你们可以让人再加工一批出来呗。这半打围裙我要定了,我也可以马上付现款。说吧,多少钱?"

皮克又假装沉思了一下,随后报了价。妇人一听,拍手叫嚷起来:

"我的天哪!您可真敢开价!这价格叫我怎么出售啊,还挣什么钱?便宜点,把价格好好往下落一落。我肯定要半打,马上付款。"

讨价还价又持续了好一阵,无法达成一致。皮克信誓旦旦地说,女店主出的价格他实在无法接受。最后他把价格又往下稍稍降了一点点,但幅度很小。"代理商"的死心眼让女店主感觉很不爽,另外,她最初的激动也慢慢淡下来。女店主愤愤地说:

"那这样吧,我就拿三件围裙,这么贵的价格,估计短时间内也卖不出去!"

让弗兰基克大惑不解的是,"代理商"此刻反转了角色,他开始没完没了地纠缠女店主,游说对方一定拿下半打,不然从整打货品中被提走三件,这生意没法做。他费尽口舌,想说服女店主。然而此时此刻女店主变得油盐不进,说什么也不肯改变主意。皮克最后只得依她,让她挑走其中三件她最中意的围裙。收完钱，皮克和弗兰基克收拾东西，赶紧往葡萄园街方向去了。

"狡猾的老娘们，"上路后皮克叹息，"我以为至少能塞给她一打围裙呢，没想到她比我还精明！"

弗兰基克很想问问，因为今天皮克谈生意的方式以及他所说的那些话，让他很不解。他感觉刚才皮克一直在撒谎，然而这到底为了什么？他想不明白里面的原委。皮克抬手看了看手表，开始着急起来。

"快点，弗兰茨，得走快点，我们耽搁的时间太久了！"他们大步流星，几乎在一路小跑。好不容易赶到葡萄园街，他们在一家店铺门前停了下来。

◆

在这家商店里谈生意的方式和之前在奥斯特罗夫尼大街商店里的表演如出一辙，唯一不同的是，年轻的女店主以及相伴左右的丈夫，始终没有问起第二个包袱里装了什么。皮克只好自己开口了：

"尊敬的夫人，我们这里还带了一批好东西，您看一眼，这是给XX店专门定做的货品。"皮克报出了最大的一家女士时尚用品商店的店名。

"这是按照他们的要求特制的，现在就给他们送过去。"说着皮克把那些围裙从包裹里抽出来。弗兰基克把它们一一展开，摊放在柜台上。皮克一边夸着围裙,一边报出了价格。

"唔,好看,确实好看,"女人也随口附和,"只是我们店里不需要这种东西,不好卖。到我们店里来的顾客都是普通人,哪用得上这种围裙啊,又是花边,又是纽扣的……"

皮克好说歹说,费尽了口舌,对方仍然无动于衷,这一次什么也没有卖出去。类似的推销皮克在另外几个商店里又表演了几次,总算多多少少推销出去一些货品,只是那些俏丽的围裙无人问津,再没有被拿走一件。

弗兰基克感觉肩上的包裹越来越重了。一个上午只被提走了三件围裙,几乎没有减少什么分量。等他们走到弗尔肖维策的时候,大钟敲响了十二点。弗兰基克停下脚步,把包袱往地上一扔,带着哭腔说自己实在是一步也挪不动了。其实皮克也已精疲力尽,于是他发话说:

"那好,咱们吃饭去吧。"两人在一家小酒馆里坐下来,点了两份洋葱香肠加一小杯啤酒。弗兰基克饿惨了,狼吞虎咽、大快朵颐。他在吃的同时,暗地里斜眼看皮克,不禁在心里琢磨着眼前的这个"代理商"是否每顿午饭都这么凑合。

皮克个子不高,比弗兰基克高不了多少,但他气色很好,圆鼓鼓的脸盘红润润的,他的劲儿肯定不大。弗兰基克没敢开口问午饭他怎么就吃这么一点东西。后来他了解到,皮克为了节省时间，每顿午饭都随便将就一下，晚饭时才会定下心来好好犒劳自己。

"走吧，现在咱们去查比赫利策。"皮克将杯中的啤酒一饮而尽，对弗兰基克说道。两个人出了门，大约走了一刻钟的样子，一看去客户那里的时间还充裕，便在田埂上坐下来喘口气。等他们站起身准备再次赶路时，弗兰基克一屁股跌坐到了地上。他的双脚已经肿得无法站立了，脚在鞋子里胀得鼓鼓的，火烧火燎地疼。他脱下一只脚上的鞋，扯掉袜子，哎呀，好几个大水泡，再看另一只脚，同样惨不忍睹。弗兰基克想把鞋子再穿上，可怎么也套不上了。两脚肿得厉害，无论他如何咬牙坚持，忍住疼，脚是怎么也塞不进鞋子里去了。

皮克注视着这一切，沉思良久。看得出来，他很怜惜这个小男孩。犹豫片刻之后他开口说道：

"这样吧，你背上包裹慢慢走回店铺去吧，反正这些围裙是卖不出去了，在这荒郊野外都不用提，提了反而会被村民嗤笑。真亏咱们店主想得出来，进了这种货，这些围裙看一眼就知道，就像一块块妖艳的抹布。在店铺里兜售不出去了，就对我说：想想办法吧，把它们推销出去。你回去什么也别跟店主提啊，等我晚上回去后再跟他说。"他思忖了一下，又问道：

"你慢慢往回走吧。认得回去的路吗？"

"哦，认得。"弗兰基克回答。终于不必再步履维艰地往下走，离布拉格越来越远了，弗兰基克心里好受多了。"我光脚走好了，反正也穿不进鞋子去。"

皮克大声笑了起来，给了弗兰基克五文硬币，让他在路上买零食吃。自己哈下腰一使劲儿，把包裹甩上肩膀，继续到别的店铺推销去了。

◆

弗兰基克坐在田埂上，沉默良久。一阵困倦袭来，他真想找个地方躺下来，舒展身体好好睡一觉。但他马上意识到首先没有地方可躺，其次回家的路遥远漫长，自己又没法甩开步子疾走。他把两只鞋子系在一起，搭在肩上，然后扛起包裹，慢慢朝着布拉格城的方向走去。刚迈出几步，只觉得刚喝下肚的啤酒让他的脑袋晕乎乎的。回去的路很漫长，简直走不到头。他在田埂上又歇了一阵子，才起身往弗尔肖维策走去。

走到弗尔肖维策，在一栋大楼门前他再次停下来，坐到台阶上，试着想把鞋子穿上。双脚已经不像之前那般火烧火燎的了，也没那么肿胀了。他没有穿袜子，而是把脚直接塞进了鞋子里。把袜子往裤兜里一塞，继续自己那苦行僧般的朝圣之旅。身上的包裹几乎扛不住了，他不知道该如何背才好。双手乏得没有一丝力气，肩膀也耷拉了下来。

刚踏上葡萄园街,在一个花园墙边,肩上的包裹滑了下来,摔落到地上,弗兰基克木然地看着包裹,自己也一扭身倒下去,跌坐在包裹上。远处的钟楼传来钟鸣声,敲打了四下。弗兰基克估算了一下,自己从查比赫利策走到这里,已经花费了整整三个小时。照他这样缓慢而行的话,回到策莱特纳大街起码还需要两个小时。

他几乎一步也迈不开了。

弗兰基克坐在台阶上休息,万念俱灰,浑身软绵绵的,极度疲倦。无论如何,今天再难也要扛着这包裹走回店铺去。他无望地闭上了眼睛,在精疲力竭中不知不觉睡了过去。不知道过了多长时间,一阵巨响惊醒了他,那是几根载在马车上的长铁管在颠簸中相互撞击发出的声响,铁管的尾端还不时触碰到石板路,发出短促刺耳的摩擦声。马车应该是从弗尔肖维策火车站方向过来的。

弗兰基克吓得一下子坐起来,顷刻间睡意全无,清醒了过来。他注视着马车上运载的咣当作响的铁管,眼前豁然一亮!他看清楚了系在铁管上的货单,货主地址一栏赫然写着:长街,施佩迪特。长街?不就是策莱特纳大街后边的那条街吗?马车真去那里的话,必定要从卡夫卡店铺绕过去!一个念头闪现出来,自己有救了。弗兰基克一把抓起包裹,紧赶几步追上马车,把包裹扔到了马车上铁管之间的空隙里。车夫在前面的车辕旁边坐着,车上装载的货虽然不多,但铁管发出的巨大噪音让马车夫对车后的动静浑然不觉。弗兰基克仔细巡视了一眼包裹,确认它在马车上待得很稳,不会掉下来,这才放心地迈上人行道,轻松地走了起来,沉重的负担从身上卸掉了。他用不着紧盯着马车,也不用担心自己被甩掉,因为马车负载了这些铁管,马跑不起来,况且它一路发出的咣当声,弗兰基克离老远依然听得一清二楚。

他轻松地吐出一口气,心情霎时明朗起来,只是双腿依然疲乏得抬不起来,脚底板疼得钻心。他跟在马车后边,始终走在人行道上,穿过了葡萄园街、日特纳街,往下到了斯巴莱纳大道,几乎跟他早上和皮克出来时走的路线一模一样。快走近老城广场的时候,弗兰基克用皮克给他的五文钱买了一斤又大又甜的樱桃,樱桃给了他惬意的感觉。

等马车走到策莱特纳大街尽头,从老城广场准备向长街拐过去时,弗兰基克从车上一把抓起了包裹,一瘸一拐,英勇地朝卡夫卡店铺走去。

就卡夫卡夫人独自坐在店堂里,她一看到跛行走进店来的弗兰基克,马上关切地问他出了什么事情,一整天他和皮克都去了哪些地方。这时卡夫卡先生也走过来,夫妇俩一起听弗兰基克讲述一天的外出经历。听完弗兰基克的描述，夫妇俩交换了眼神，马上让小男孩回家休息去了。

第二天，弗兰基克的双脚下不了地、走不了路了，母亲替他去店里请了假，直到第三天他才出现在店铺里。后来，卡夫卡先生再没有派他跟皮克出去做推销。为此弗兰基克没少遭到罗伯特的讥笑，罗伯特讽刺他像个少爷，就会在家里装病躺着，逃避干活。另外几个店员也附和说，谁不愿意像弗兰基克那样，没事装病在家歇几天啊。

◆

暑天来了，店铺里的生意萧条起来，每年夏季都是如此。后面库房里的小伙计们没有多少活可干，只需要把库房打扫干净，他们经常聚在一起聊天，打发漫长的炎炎夏日。弗兰基克也不用经常出门去换货了，他待在店铺里一边看热闹，一边佯装在认真掸尘，整理货架。

卡夫卡夫人带上孩子们，和保姆一起去位于呼赫勒的夏季别墅度假去了，这样一来，给小卡夫卡补课以及一起外出散步的差事暂停。培训学校也放暑假了。店铺在晚上七点半就打烊，因为卡夫卡先生每晚要赶到别墅里跟家人团聚，店员们无不欢天喜地。

耐不住时间一长，夏天这种终日的无所事事比旺季在店铺里的忙忙碌碌更加让人烦躁和难耐。"今天忙得够呛",这是秋冬旺季时节在店铺里最常听到的一句话。总有那么一些日子,活计多得让大家连喘气的工夫都没有,跑进跑出,一整天都处在奔忙之中,顾客一拨接一拨涌进店铺。大多数情况下,白天伙计们忙不过来,临下班还要处理一摞摞订单,去邮局邮寄,往火车站发送。

◆

不经意间,落叶无声的秋季到了,忙碌的日子又将开始。今年的雨水尤其丰沛,弗兰基克的鞋都跑烂了,身上也需要添置新衣服。每当他看见母亲双眉紧蹙在点钱,算计着过日子时,心里就会一阵内疚。在往后的一个月,他一领到薪水,便把五个金盾悉数交给了家里。他把钱送到母亲手里时,装出是第一次领到加薪时的激动神情。全家人都替他高兴,父亲听到这个消息后,夸小儿子说:

"看出来了,你这个小伙计已经在店铺起作用了,不然店主不会主动给你加薪。"

弗兰基克又开始到楼上公寓给小卡夫卡补习捷克语,享用一餐美味点心。不出门散步的时候,两个小男孩就待在房间里,愉快地聊上个把小时。弗兰基克最企盼的事情——每周四晚上和每周日上午培训学校的课程也恢复了。弗兰基克是学习最出色的几个孩子之一,他在上小学和中学时就这样,深得老师们的喜爱,但那个叫多莱士的老师除外。弗兰基克不怎么理会他,准确地说,他非常讨厌多莱士那种与教师身份不相符合的粗鲁举止。

◆

转眼又一轮季节更替,寒气袭人的十冬腊月如期而至,圣诞节快要到了。姐姐佩比奇卡拿出全部的积蓄,把几个金盾交给弗兰基克,让他在外出换货途中,按照她在纸上列出的清单,顺道把礼品采购回来。姐姐从早忙到晚,每天工作到天色黑透才休工,腾不出工夫上街,所以她把采买各种小玩意儿,给全家人购置圣诞礼物的事情全部委托给了弟弟。母亲像往年那样,早早在节前就把圣诞树买了回来,姐姐和哥哥冬尼克出钱购买甜品,弗兰基克负责装饰圣诞树。到了平安夜那天,一切准备就绪了。父亲所在的镶木工厂在圣诞前一天只上半天班,姐姐在下午四点钟下班,只有冬尼克和弗兰基克留在店铺里忙碌,直到深夜才到家。因为平安夜这天,即使天黑了,过节的人们照常逛街购物,所有商铺都不打烊,反而要延长营业时间。常常在晚上八点之后,甚至更晚,依然有许多顾客手提刚置办的大包小包礼品,到店里来闲逛。

这样一来,在弗兰基克家里,等全家人坐到一起共享圣诞晚餐的时候，已经超过十点钟。全家人围坐在一起享用晚餐，喝鱼头汤、吃炸鲤鱼和苹果馅饼。炸鲤鱼的配餐是土豆沙拉，大家喝啤酒，饭后再一起喝茶。

用完晚餐，弗兰基克跑去点亮圣诞树，开始分发家人之间互赠的礼物。全家人围坐在一起聊天、唱歌、吃圣诞甜饼、喝水果酒。第二天是圣诞节，一家人都可以睡懒觉，很晚才起床。只有母亲早早起来，为家人准备午餐，主餐是一只硕大的烤鹅，配上馒头片和酸白菜。

圣诞节后一天，弗兰基克和冬尼克又得去店里工作了。店铺像星期天的工作模式，上午半天营业，或者到午后一点钟。兄弟俩暗自庆幸没有在食品店当学徒，食品店在圣诞节当天就开工，上午工作半天，圣诞节后一天就正常营业，需要工作一整天了。

圣诞节之后的那一周直到元旦之前，店铺里比较清闲，没有多少活，只需要做大扫除，清理库存，准备年终盘点。

第二章　成长与烦恼

有一天，卡夫卡先生把弗兰基克叫到楼上公寓里，问他是否有勇气去账房给会计先生当助手。店主告诉他说，布洛什到别的地方就职去了，他想试一试让弗兰基克接替布洛什的工作。卡夫卡夫人在一旁推荐说："弗兰基克的字写得那么好，进账房当抄写员应该没有问题。如果他能胜任下来，店铺里就用不着再雇佣新的账房先生了。"

听到这个消息，弗兰基克激动得语无伦次，不知道该怎么回答才好。卡夫卡先生始终笑眯眯地看着他，看他结结巴巴地表达内心的感激。弗兰基克脸上抑制不住的欣喜，店主也看在眼里。他心里有底了，他很清楚，这个小男孩一定会尽心尽力，把工作做得让自己无可挑剔，从而将他留任在账房助手的位子上，不再变动。

弗兰基克回家把这个特大喜讯禀报给了家人，满脸光彩洋溢地讲述着他又得到了一次特大的赏识。全家人听到这消息都愣住了，无法相信自己的耳朵，一个再普通不过的小学徒居然一跃坐进了办公室！而且不是去打杂，是作为正式实习生！弗兰基克将成为会计助手，说不定有一天甚至会晋升为会计先生呢！

　　元旦后的第二天，等会计先生一走进店铺，弗兰基克便紧随其后进了用玻璃围起来的账房，在办公桌后边坐了下来。想到自己的两条腿总算可以歇一下了，顿时感到无比欣慰。店主把调动弗兰基克的事情只告知了会计一人，让会计考虑一下给弗兰基克安排具体的工作。会计拉长着脸给弗兰基克交代了一项活，他心里很不高兴要带一个生手，而且压根儿就不相信一个小学徒能胜任会计助手的工作。他希望坐在他身边的是一个学会计学专业的年轻人，一个训练有素的助手。他对弗兰基克提出的问题，每次都表现出极不耐烦，回答起来也含含糊糊。他不想让弗兰基克学到什么本领，所以也不给他进行系统的讲解，弗兰基克问什么，他就回答什么，而且只解释最必要的部分，其他闭口不谈。

　　不一会儿，罗伯特从后库房冲过来，闯进账房，对弗兰基克吼道：

　　"弗兰茨，你待在这里干什么！赶紧给我滚出去！"会计被这个擅自闯进账房的无理之徒以及他大胆妄为的言行激怒了，他站起来，指着罗伯特大声呵斥：

"你来这儿干什么？你这个无赖。弗兰茨是在这里工作。你给我滚蛋！"罗伯特灰溜溜地退了出去，怒不可遏地冲弗兰基克挥舞着拳头。他回到库房不久，米勒又跑过来，推开账房的门，探进脑袋打探道：

"会计先生，这是怎么回事啊？弗兰基克我们需要他干活了，他该去库房提货了！"没等会计答话，店主卡夫卡接过了话茬，他正好经过，就站在米勒身后：

"米勒，这件事你不必操心了，弗兰茨以后就留在账房工作了，我会给你派个新学徒，人也许今天就到。"话音刚落，一个男孩迈进了店铺。个头看上去比弗兰基克高大，身材也壮实。卡夫卡指着男孩对米勒说：

"正巧，这不人都到了。米勒，你带他去吧，弗兰茨就留在会计先生身边了。"

不必打听，新来的小学徒又是蒙科娃太太介绍来的，那天弗兰基克恰好出门换货去了，没有在场。

弗兰基克从现在起，再也不用每天几次三番去别的店铺或者其他地方"换货"了，尤其不需要背着包裹去火车站为客商们送货了。不过，那些很容易赚到手的脚力钱也因此泡汤了。

87

有时候，能从客商手里拿到双倍的辛苦费，这一点不免让他心生沮丧！

在账房里干了一阵之后，他又怀念起在街上奔走的日子来。总在"围栏"里坐着抄抄写写让他颇感寂寞，现在他反倒很想出去走走，满大街溜达转悠。

◆

有一天，弗兰基克奉店主之命去海关，提取从国外寄来的货物并支付关税，他高高兴兴地应允了。跟他一起去海关的还有仆役雅诺什，后背上挎一个大包袱，那是由一大块正方形帆布叠成的。先把帆布摊开，往里面码好货物，将两个斜对角系起来，再提起另外两个斜对角，斜挎在肩膀和后背上，在下颌处系一扣，一个包袱便形成了。这种包袱能很方便地驮起很重的货物。

海关离卡夫卡店铺不远，就设在赫本大街上一座修道院的庭院建筑里，格局跟他们常去邮寄包裹的中心邮局差不多，有一个围住三面墙的柜台，柜台里面是宽敞的大厅，海关职员坐在柜台后面，还有几个差役。差役们忙着打开寄到的包裹，给货物称重量，计算关税，然后再把包裹按原样重新封好，交给柜台外等候的提货人，提货人事先已缴纳了关税和其他相关费用。

卡夫卡店铺经常收到从邮局发来的提货单，都是从国外寄来的各种货物。一拿到提货单，店员们就得去海关付税提货。

来自国外的包裹里，有德国产的不锈钢制品，如缝衣针、水果刀等，有从瑞士发来的牙刷，有寄自法国的丝绸以及来自其他国家的各类小商品。办理海关手续比较繁琐，总要持续很长时间，尤其遇到好几个包裹同时寄自不同的国家时，都需要一一过关验货，而这种情况时常发生。因此弗兰基克到海关之后，不是让雅诺什去啤酒馆喝酒，就是打发他出去办理别的事情，两个人守在海关等候纯属多余。过关验好货之后，弗兰基克把货品逐件装进雅诺什背来的包袱里。等雅诺什回来时，关税手续都已办妥，两人就一起回到店铺。

有了多次跑海关办事的经历，弗兰基克对卡夫卡店铺业务所涉及的商品有了大致了解，也增长了见识，他亲眼目睹了平时接触不到的东西，对那些货物的来源、价格、关税额度都心中有数，拓宽了眼界。在海关，弗兰基克还有机会见识了在一般场合见不到的货物，甚至一些珍稀动物。那是其他商店、工厂或者商户们进的货，比如古怪的动物标本、活泼啁啾的鸟类，不知道这些稀罕物是从什么地方弄来的。他也见识到了钻石、珠宝和各式种类的宝石、首饰、金币银币、古董、艺术品、油画、雕像、新出版的图书及古籍，还有五花八门的洋食品、蕾丝、缎带、丝绸、皮具制品等等。到海关来办手续的大多是年轻小伙，他们很愿意向对方展示和炫耀自家的货物，而且会进行一些专业的指点和解释。

店铺隔三岔五会出现几次既舒适又有趣的出门办公务的机会，需要弗兰基克到各大城区的办公署或者银行递送公函，给本地的供货商支付货款。

有一次，店主卡夫卡派弗兰基克去位于小城区的国家金库，把二十五个金盾兑换成今年新版的小额铜币，崭新的硬币装了满满一小袋子。当卡夫卡先生把它们倒在店铺的柜台上时，铜币在煤油灯的光照下散发出金子般耀眼的光彩。这些铜子儿都是准备作为零钱找给从乡下来进货的客户们的，十个子儿或者二十个子儿码成一堆。客户们拿到这些铜币都高高兴兴的，回到家里把金灿灿的铜币再找给到自家店里来买东西的小孩子，孩子们拿到崭新的铜币，往往也喜不自胜。

◆

弗兰基克在账房里的表现可谓谨慎和乖巧。除了会计给他安排的活计，他总会主动去做一些额外的工作。时间一长，会计消除了对他的成见，看他顺眼起来，逐渐把一些重要的活交给他去处理，自己也落得省心。说实话，账房里的活足够琐碎，没完没了从不得空闲。弗兰基克凭借自己的勤快和灵活，一箭双雕：既学到了本领，同时赢得了会计的好感。他现在做的账已经让会计无可挑剔，这可是卡夫卡先生跟会计打听弗兰基克的业务进展时，会计亲口对店主说的。卡夫卡夫人不免心生得意，当初是她跟丈夫提议让弗兰基克进账房的。不出所料，弗兰基克不负众望。夫人当着弗兰基克的面这样夸赞道：

"我早就看出来了，他不会有问题。虽然布洛什也写得一手好字，但比不上弗兰基克灵巧。"

听到这一番赞许和美言，弗兰基克心里当然美滋滋的。卡夫卡先生更在一旁偷着乐，他又赚了。现在他每个月给弗兰基克支付八个金盾的薪水，而布洛什在的时候每个月拿二十金盾呢，卡夫卡一下子省下了十二个金盾。用这十二个从账房省下来的金盾，他又雇了几个年轻学徒，店里业务量上升，忙不过来自然需要增加人手。

当弗兰基克在账房干满了一个月，第一次从卡夫卡先生手里接过八个金盾的薪水时，心里不免嘀咕，店主应给自己至少十二个金盾，因为他已经把布洛什以前干的工作全部承担了起来，但他什么也不能说。他只好这样宽慰自己，能从店铺一个小学徒华丽转身成为办公室的实习生，已经实属万幸了。

这件事让他第一次有体会。虽然他年纪尚小，涉世未深，理解不了雇主们是不会错过任何一个现成机会对手下雇工进行剥削的。但那时的弗兰基克已经意识到，卡夫卡在他身上每个月很不公正地盘剥了十二个金盾。布洛什干一模一样的活领取二十个金盾，而自己却只能拿不到一半的薪水。他不明白，这就是所谓的"好店主""精明的商人""聪明的雇主"，假如用大白话来代替这些称谓，那就是："吸血鬼""小偷""骗子"！

在春寒料峭的日子里，弗兰基克基本上又待在家里，打发每个星期天的下午。他会给卡夫卡店铺的橱窗设计和绘制广告牌，这些广告标语让他从店主那里听到了一箩筐的赞美和赏识，却没有领到任何物质奖励。无论卡夫卡先生，还是卡夫卡夫人，始终没有想起来要给弗兰基克支付一点报酬。哪怕送他一些自家店铺里的商品让他挑选呢，那么弗兰基克会心满意足地挑选一条领带、一方丝巾或者别的什么小物件。有时他也在卡夫卡店里为家人选购这些商品，店主本可以慷慨地赠送给他的。

♦

早春的清澈阳光一露头，弗兰基克在家里就坐不住了，他会走出门信步溜达。他会驻足观看在河道溜冰场上驰骋的人们，他自己是没有勇气参加这项运动的，即便在岸上观看，他也替那些滑冰的人们捏一把汗。在艳丽的阳光下散一会儿步，神清气爽地回到家中，重新拿起书本阅读起来。

日子一天天飞逝，寒来暑往，杏雨梨花的撩人春天又来了。踏青三月天，过不了多久，弗兰基克又可以和培训学校的同学们结伴郊游去了。刚开始他们在城区周围散步，随着白天越来越长，天气越来越暖和，他们越走越远，开启跟去年一样的远足。

弗兰基克的同学里面有一个男孩，在裁缝店当学徒，性情温和，安静寡言。他是弗兰基克在培训学校的同桌，绘画很有天赋，画起画来比弗兰基克娴熟老练多了。让弗兰基克没有想到的是，小男孩居然邀请他一起去野丁香园踏青写生。男孩说要用油画把"酒壶沟"描绘下来。弗兰基克自然十分乐意，满口应允了他的邀请。迄今他还没有亲眼见过用油彩描绘的大幅的画呢，内心充满了好奇。

弗兰基克赴约的时候，男孩一只手里拿着画布，上面已经勾勒出油画的轮廓，另一只手里提着一只小箱子，里面装着颜料、调色板和画笔，这些东西跟弗兰基克在美术用品商店的橱窗里见到的一模一样。

沉默寡言的小男孩还随身背了一个折叠三脚小板凳。

"我还没有折叠支架，"男孩子笑眯眯地说，"等攒够了钱，我就把它买下来。现在我只能把画板搁在膝盖上画画。"

这一切都让弗兰基克感到新鲜。在野丁香园里，他看着自己的朋友在画布上娴熟地挥毫，眼前的自然景色令人欣喜地慢慢呈现在了画布上，像模像样。看到这一切，弗兰基克的心里痒痒起来，琢磨着也要尝试一把。

接下来的一个星期天，弗兰基克哪儿也没有去，宅在家里，手边已经摆好了几管事先买好的油彩。他想试着临摹一幅彩色油印图，没有画布，就用纸箱的硬纸板代替。可笔下的油彩压根儿不听他的使唤，那幅油画自然没能如愿呈现出来，从此他便打消了画油画的念头，没有再碰一下。

外出郊游途中，有时会多冒出几个男孩子来，人一多，话题自然而然就转到"女孩子"身上了。这群男孩年龄最大的也不过十六岁，应该都不曾有过谈情说爱的经历。从早忙到晚，既没有机会也没有时间，最多在店铺里或者大街上偷偷瞄姑娘们几眼。他们谈到了接吻，每个男孩家里都有姐妹或者表姐妹，所以看法基本一致，那就是"接吻"并没什么特殊的，也就那么回事。其中有一个叫卡列尔的男生，年龄比他们稍大，身材也高大结实。听完身边同伴们下的结论，他干咳几声，撇嘴悄悄乐了。他的诡异表情没有逃脱众人的眼睛，男孩子们马上联想到，他一定有什么不寻常的经历，便群起攻之，让他把自己的艳遇说出来，与大家分享。

"小子们，要说经验嘛，倒是可以给你们透露一丁点，但谁也不许传出去啊。我担心的是，一旦这事传到我们店主耳朵里，会惹出麻烦。"

"到底什么事呀？"

"快说吧！"

"赶紧说出来！"

男孩子们七嘴八舌，迫不及待地请他快点开讲。

卡列尔小心翼翼地打量了周围一番，仿佛害怕被别人听到似的，其实他们这伙人，此时已漫步在卡拉维郊外的田野里。他这才表情郑重而神秘地讲了起来。

"你们不知道，我们店主的女儿隔一阵子就要到店里来，拿点糖啊、咖啡啊，还有家里做菜需要的酱醋佐料什么的，每次都由我陪着她取这取那。假如店主在店里的话，她拿完东西马上就离开。要是碰上店里只有我和另一个店员在，她就磨磨蹭蹭，赖着不走，先钻到柜台后面瞅一眼，再到库房里面转一转，没有她不去的地方。她的年龄和我差不多大，平时什么也不干，闲在家里，最多帮她母亲在家务事上搭把手，可他们家里还有佣人呢。要说她长得如何好看，倒也不见得，总的说来还算顺眼吧。店主的女儿就爱跟我搭话，遇到看不懂的东西就爱找我打听。大约在两个星期前，她又来了，店主正好出门办事去了。那个爱发牢骚的老店员说：'小姐，您能在店里多待一会儿吗？我突然想起来，店主关照过我，让我去半道上迎接他一下。把卡列尔独自一人留在店里，我又不放心。''你尽管去好了，'女

孩回答,'我有的是时间.'

"这下店铺里就剩下女孩和我两个人。她自己打开糖罐,取出了一根棒棒糖,我走到后库房,替她去取那些她需要的零碎杂物。因为无法一下子找齐所有的东西,她自己就跑到后面找我来了,埋怨我在里边磨蹭太久,她倒没有责怪我,只是问我在干什么,然后自己先吃吃笑起来。这时我恰好找到了她要的东西,转身往前面的柜台走去。她站在门中央,眼睛望着别处,两片嘴唇间抿着棒棒糖。我比她高出半头,当我从她身边绕过去时,自己都不知道怎么回事,突然就想跟她开个玩笑,低下头咬了一口含在她嘴里的棒棒糖。我们的鼻子碰到了一起,她显然被我的唐突举动吓着了,一声尖叫,口中的糖块掉到了地上。无意间我们的嘴唇触碰到了一起,我都不清楚是怎么贴到一起的。感觉不是很好,她嘴里满是甜腻腻的口水,都快流出来了。她从我身边跑开了,直接跑回家去。

"我回到了前面的柜台,又有客人进店买东西来了。女孩仓皇逃脱,全然忘记了老店员的嘱咐,让她在店里守着一直到他回来。"

"后来怎么样了呢?"

"出什么麻烦没有?"

"她告你了吗?"卡列尔的叙述把大家深深吸引住了,男孩子们忍不住打听下文。

"你们别着急，我先点根烟抽。"主人公点上了烟，又继续讲下去。

"当时我挺害怕的，万一她在家里说了这件事，那后果不堪设想，这我心里很清楚，然而什么事情也没发生。当天晚上熬过去了，第二天也挨过去了，什么动静也没有。过了两天，女孩子又出现了，店主恰好又不在店里，女孩在店铺里走过来晃过去。我和老店员忙着照应客人，接连来了好几个女顾客。但我一直用眼睛的余光扫视她，似乎她身上有一样东西始终在吸引我，让我想方设法去靠近她，我太想靠近她了。等店里空下来时，我走到她的身旁，问道：'您还需要什么东西吗？'她冷静地回答：'什么也不需要。'

"然后就埋头翻阅起广告图片来，这些广告画厂家刚刚送来。我看得出来，女孩子并没有生我的气，我的邪劲儿忍不住又冒上来。真不知道如何跟你们解释，那种感觉那么强烈，我特别特别渴望抓住她，紧紧贴住她的身子，我无法给你们描述那种感觉，那是无法用语言表达的。我突发奇想告诉她说，后库房里放了更多类似的图片，她想看的话可以跟我走。

"'拿给我看啊。在哪里呢？'她说完，我们俩一起往后边走去。我回头看了一眼，发现又有两个年轻的女顾客迈进店里来。老店员并没有叫住我,他大概以为我去后面给小姐称东西去了。

"在后库房里,我把图片递给女孩子,等她开始翻看的时候,我从她侧面转过身来,迅速用一只手揽住她的腰,另一只手搂住她的脖子,亲吻起来。

"我感觉她的腰扭动了几下,随后闭上了双眼,图片被丢到了一旁。当时我以为她会喊叫,就像你们想象的那样。不,没有,她没有喊叫,而是把手搁到了我的肩膀上,用她的双唇回吻起来。亲吻的时间加起来,总共还数不到二十下。

"'卡列尔。'店员喊我了。我放开女孩,一溜小跑到了前面。店里来了好几位顾客,店主也回来了。过了片刻,小姐从后面款款走了出来,手里提着一包包东西,走的时候,目不斜视,对谁也不瞧一眼。自那天起,我们又接触了三次,最后一次是在昨天。我不知道现在该怎么办。万一哪天被店主发现了,他绝轻饶不了我们,那是肯定的!"

男孩子们都听傻了,眼睛望着天,嘴巴张开着,好像要把卡列尔口中吐出的每一个字都吞进肚子里似的。故事讲完后,有一个男孩提出了问题,这也是听故事的每一个人都想知道的:

"卡列尔,那你现在对接吻上瘾了吗?那感觉好不?舒服吗?到底是什么滋味,说出来给我们听听!"其他人也纷纷附和：

"讲啊，卡列尔，快讲。"

卡列尔已经被自己的讲述和回忆弄得心潮澎湃，他用热烈的语气回答说：

"哎，哥们，那感觉真是太美妙了！在突然的场合相遇，当她贴在你的身上，你伸出手去，抚摸她的胸部，那感觉真是无法形容。反正我每次都晕晕乎乎的，好像喝醉了酒一样。我简直迫不及待，盼着她尽快再次出现！"

往回走的一路上，大家都沉默不语，再没有人重拾这个话题，卡列尔也提不起兴致跟大家更多分享他的经验。大家机械地朝前走着，有些无所适从又有点莫名激动，每个人的脑袋里塞满了想象和稀奇古怪的感觉。

回到布拉格市区，大家道别，分头回家。

"再见了，我们星期四在学校里见！"

然而到了星期四，没有在学校里露面的，恰恰是卡列尔。

"他星期二就出事了，"卡列尔对面店铺里的小伙计告诉大家，"他和店主的女儿吻得忘乎所以的时候，被店主逮了个正着。这下可闯了大祸，他立刻被辞退回家，店主还当众把女儿痛揍一顿。卡列尔现在去了普罗塞克区的一家店铺当学徒，从维索羌尼过去还有好长一段路呢。"

这个不幸的消息让弗兰基克既吃惊又难受。自那个星期天之后，他的脑海里一直在回放着卡列尔讲述的惊险艳遇。他本打算等他们两个人单独相处的时候，再请教他几个问题。在他眼里，卡列尔是个成熟有经验的同伴，他能解答自己思索过许多次、知之甚少或者懵懵懂懂自以为明白的问题。怎样和女孩子相处？如何接吻和拥抱？卡列尔提到的抚摸胸部又是怎么一回事？在他身上出现什么变化没有？有什么感觉？这些问题，弗兰基克始终百思不得其解。

◆

弗兰基克变得心神不定，忐忑不安，他觉得自己很"龌龊"。在家里他羞于开口，不敢问哥哥或姐姐。好几次他想跟母亲倾诉，想问清楚这到底是怎么一回事，但他始终难以启齿，因为只有三四岁的孩童才会毫无顾忌地谈论自己的小鸡鸡，而弗兰基克已经十五岁了。他不担心自己会得病，因为他现在毫发无伤，身上哪儿也不疼。他不敢说出来的最主要原因是担心自己受到惩罚和监禁，担心自己再也没有机会手淫。毕竟弗兰基克对手淫带来的兴奋心驰神往，欲罢不能。

他跟谁都缄口不谈这件事。大约一个星期之后，他又有了欲望，那天母亲正准备洗衣服，他在一大堆衣服里瞥见了几件女式睡衣。趁母亲外出购物，他独自在家的工夫，他迅速脱下身上的衣服，抽出佩比奇卡的睡衣套在身上，期待着那惬意的快感重新浸入自己的身体，然而什么感觉也没有出现。他开始用手帮忙，然而高潮没有如愿来临。他小小年纪做这种事似乎为时过早，弗兰基克懊恼地扯下了身上的睡衣。

很快又开学了，他似乎完全把这件事抛在了脑后。然而时常在提醒他的是，每过几个星期，在清晨他会发现身上的睡衣出现一滩污渍，有时已经干了，有时还湿乎乎的，跟那次出现的一样。有时在早上醒来他看见自己的下体又坚挺了起来，倒不是每一次都有兴奋的冲动。他很冷静，只偶尔每隔两个月或者更长时间，只要他单独在家，那种渴求快感的欲望会蔓延全身，他忍不住去找出佩比奇卡的裙子、睡衣或者围裙套在身上或者束在腰上。他发现将裙子或者围裙在身上勒得越紧，感觉越舒服。他从容不迫地玩着这种游戏，直到获得期盼的高潮。

从卡夫卡店铺去培训学校上课的一路上，他反复思考身上发生的这个变化，其生成原因及其可能导致的后果。那会是什么呢？

他反复琢磨，渴望找一个人诉说自己的困惑，寻求解决办法，减少烦恼，避免有伤大雅的难堪发生。对于一个十五岁的男孩子来说，这的确是一件伤脑筋又让人心情沉重的大事。他耳朵里没少听到人们议论，说手淫这种恶习如何不雅。可它却那么美妙，不会带来任何痛苦或不便，相反会让人享受到巨大的快乐。他渴望找人一吐为快，然而他羞于开口，把痛苦深埋在心底，感觉异常压抑。

在店铺里没有一个人能让他无所顾忌地吐露心声，帮助他解答这个棘手的难题。在学校里呢？是的，对哈夫利克先生似乎可以敞开心扉，可是如何跟他聊起这个话题？不，还是不提为好。愚昧和虚荣让弗兰基克几度欲言又止。他顾虑重重，生怕老师会生他的气，真那样的话，自己的行为岂不让老师鄙视，在老师面前抬不起头来。弗兰基克思前想后，郁闷得喘不过气来，却茫然不知所措。

他了解到"手淫"这个词是外来语，捷克语的称谓更加惊悚，称之为"自辱"或者"自奸"，多么面目可憎、隐晦和恐怖的字眼啊！他尚不太明白这些词意味着什么，却真切感受到了它们包含的压倒一切的贬义。他记得曾经在报纸上读到一则消息说：一位姑娘被某个暴徒粗暴地奸污了，那人为此受到严厉惩处。那个暴徒对姑娘到底实施了什么行为？弗兰基克想象不出，只是把这个粗俗的字眼与令人发指的折磨和淋漓鲜血联系到了一起。也许只有捷克语才选择了如此令人反胃的辞藻，即便粗鲁的德国人使用的表达也还算体面，可以让人接受——"自慰"，即自我满足。既然捷克人发明了如此可怕的称谓，可见这种行为有多么丑陋，令人厌恶。

有一天，弗兰基克无意中听到米勒在厉声训斥罗伯特：

"我告诉你，罗伯特，信不信由你。每个手淫的人最终都会得痨病死去，你还是给我小心点。"这对弗兰基克来说，简直犹如晴天霹雳。自此，他每天好几次迫切地对着镜子打量自己，察看脸上是否出现了痨病的迹象。他在家门口看见过几个痨病患者，其中一个就是公寓楼看门人的女儿。那些人的脸色都苍白得瘆人，一副病殃殃的模样。他把自己圆鼓鼓、粉嘟嘟的脸庞彻底扫视了一遍，没有发现任何异常。

星期天，弗兰基克在学校里把所有同学的脸庞也扫视了一遍，想侦察出有哪几个人面带病相。十分瘦削憔悴的几张脸映入他的眼帘，但他知道这几个男孩在商铺里做学徒，属于"包管吃住"的那种。大多数情况下，他们晚上睡在空气污浊的窄小货仓里，睡眠不足，伙食条件也很差，食不果腹。在那个年代，店主这样对待手下的学徒是司空见惯的事。生活在这种条件下的男孩子们，面容自然显得不健康了。其他同学的气色看上去都很健康，生机勃勃的粉红色脸蛋上，两只眼睛滴溜溜往四处看。弗兰基克那颗悬着的心总算放了下来。

下午，弗兰基克又出门去野外散步，这次他选择独自出行。往事在他发胀的脑袋里来回浮现，满心忧虑的他，只想独处以梳理纷乱的思绪。沿着伏尔塔瓦河堤岸，他信步溜达着走过大桥，到了河对岸的斯米霍夫城区，继续顺着公路往呼赫勒方向走去。到了呼赫勒，他先在一家餐馆的露天花园里点了一片黄油面包，喝了一杯啤酒，然后起身朝不远处的树林走去，思忖着找个地方歇一歇脚，走了一段不短的路程，他实在有点疲乏了。

　　他在草坪上一棵大树底下躺下去，高高突起的被灌木丛遮蔽的草坪，给弗兰基克带来一片阴凉，他陷入了沉思和幻想，恍惚中似乎有圆舞曲从远处飘来。在这么一个隐蔽的角落里躺着，真是愉快和惬意，他不知不觉睡着了。

　　从灌木丛后面传来的声音将他惊醒，有两个年轻人在那里说话。弗兰基克紧张地竖起耳朵，太巧了，其中一个人恰好在说近期困扰他的那件事。

　　"没有像你想象的那么糟糕，"他听见一人在说，"也远没有那么反常和变态，它更不是什么危险的疾病，也不如人们所说的那般危言耸听。毫无疑问，这是很自然的生理过程，也许这是以一种不必要的加速度进行体内的物质交换，就像身体内其他的排泄物一样。当然区别在于，你上洗手间是出于身体所迫，而不是出自主观情愿。无法想象,有人设法多去几次洗手间是为了乐趣而不是出于生理需要,如果是出于生理需要,你也不会觉得这件事好玩。除了那种排泄之后的轻松感,不会有别的感觉诱导你多次尝试。然而手淫是不一样的,你会感觉到一股驱使和冲动,这种感觉越强烈,那种被称为精子的黏液从体内有意识或者无意识(在睡梦中)释放出去的持续时间就越长。因为你已经体会到最后射精那一刻伴随的强烈快感,那种黏液物质跟身体其他排泄物一样,想要并且需要排出体内。正如我刚才所说,它让你产生欲望,希望这种排泄经常发生,多来几次。

"这对于那些愚蠢贪欲的年轻人来说,是一块绊脚石。他们无节制地频繁尝试,强制刺激自己兴奋,以达到一次又一次的快感与满足,殊不知,他们会为此付出健康的代价。他们自己知道,也会听到别人警告,但他们总是掉以轻心,不可抗拒的快乐欲望使得他们失去理智,听不进良言劝诫。好在这样的人为数不多,大多数人具备自制力,适可而止而不至于沉湎其中无法自拔。"

"嗯,这我都明白,我也遵照你交代的去做了,"弗兰基克听到了另一个声音,"可是它总在我的睡梦里出现。"

"我明白,这叫遗精,"第一个人继续说,"这并不危险,对你不会有伤害,除非过于频繁。精液从人体内排出是必要的过程，遗精的频次因人而异。关键是，除非有抑制不住的迫切需要，自己不要主动撩拨甚至夸张刺激。遗精不会引发情感的大起落，生气或者激动，只是剩余物质的自然离体过程。随着青春期的到来，身体发育成熟，成年男子与成年女性（男人和女人）发生关系，我们称之为性交。性交过程中，女性体内释放出卵子，一个或两个，甚至三个，这样便产生了小孩。如果女人一下子同时排出两个甚至三个卵子，双胞胎和三胞胎便问世啦。"弗兰基克听到灌木丛后边的两个年轻人发出了爽朗的笑声。

小心翼翼扒开灌木丛，透过枝叶间的缝隙望过去，弗兰基克看见两个年轻男子，看起来像大学生，一个大约十七八岁，另一个约二十出头。那个大一点的年轻人又开始侃侃而谈：

"在我看来，手淫现象在年轻人中间没有那么普遍，假如及时给予他们坦诚、清楚的解释，就不必过于焦虑。可现在他们听到的只是侮辱性的愤慨、难以理解的警告和毛骨悚然的恐吓，仅此而已。父母或者家人一旦发现孩子沉迷于这种激情行为，往往会大发雷霆，叱责孩子道德败坏，甚至以棍棒和羞辱取代理智的教育和引导。其实，年轻人的举止并不出格，这和已婚男女同床共枕的行为是一样的，后者通过相互亲吻、抚摸和性交达到满足。"停顿片刻，另一个年轻人又发问：

"如此看来，世上许多事不尽如人意。"

"可不是，"年龄稍大的那位附和道，"尤其是性交这种事情。万一两个尚未成家的年轻人不小心搞出了小孩，那可是奇耻大辱，连出世的孩子也会受连累，抬不起头来，即便他的父母是很正统的人。境遇更惨的是那些被抛弃的未婚妈妈，独自抚养孩子。当然，那些被牧师祝福过的合法夫妻，性交行为另当别论，这通常被冠以'神圣'的字眼！"

两个人又大声笑起来。年轻的那个又说道：

"真的很可悲。人们一方面依然愚昧，另一方面又如此世故。"一番感叹之后，两个人慢慢起身离去了。后面那些话弗兰基克虽然似懂非懂，但已经不重要了。他非常满意，心头挥之不去的疑虑终于消除，悬着的心也放下了，有说不出的开心。他的推测得到了验证，他确信危险不会出现在他身上，只要有自制力，明智一些，这一点他早就想到了。他又坐了一会儿，随后站起来往家走去。

一路上弗兰基克反复揣摩今天偶然听到的那番话，毫不怀疑那个年龄稍大的青年说的话句句在理，他看上去很成熟，受过良好教育，谈吐严肃有见地。意识到自己的身体不会出现任何可怕的变化，没有直接的危险在威胁他，弗兰基克立刻精神焕发。只要有足够的勇气克制欲望，一切都安然无恙。自己没有堕落，不是不可救药，他倍感欣慰，精神振奋，很快恢复到以前的状态。只是"性交"这个词在他头脑里萦绕，他非常想知道，性交是怎么一回事。

◆

时间稍纵即逝，几个星期一晃而过，店铺里的生意显现出了炎天暑月的萧条景象。柜台、库房和账房的活越来越少，每年这个季节都是这样子。按惯例，卡夫卡先生给推销员克劳斯放了三四个星期的假，让他回家歇一阵子，这样还省去了车马费和差旅费支出。在家休整的这段日子里，克劳斯需要预备出秋季外出推销的货样来。他随身带走三只大皮箱，尺寸大得足以装进弗兰基克整个人。出于好奇，弗兰基克还真的钻进去试了一下。那三只大皮箱总在马车上放着，一只放在赶车的马车夫身旁，另一只放在车厢里的座位上，第三只摆在车后两个车轮间的车轴上。另外，车座上还依次码放着几个大布袋，里边装着床上用品、内衣之类。如此庞大的装备，蔚为壮观，这么一辆大车，真需要几匹壮实的高头大马才拉得动。克劳斯身材高大魁梧，赶车的马车夫更是一个敦实的汉子。

克劳斯是犹太人，属于犹太人里很有教养的那一类。他经常在库房里给大伙讲述路途遇见的趣闻轶事，令人捧腹。只要一得空闲，抄写员弗兰基克就会溜出账房，钻进库房去听克劳斯摆"龙门阵"。

弗兰基克一直盼望着自己也能像克劳斯那样四处去旅行，威严地端坐在马车上，怀里总揣着足够的钱，每天游走在不同的地方。这一阵子他辅助克劳斯，一起准备要推销的样品，他用花体美术字在各类货品标签上标出价格，还从克劳斯手里获得了几文赏钱。

和克劳斯一起合作的这份美差没做几天就中止了，原因是会计病倒了。弗兰基克不得不回到账房里，独当一面，至少把每天需要处理的日常账务弄妥当，重要一点的账目暂且搁在一边，等会计回来后再处理。然而会计再也没能回来，他病逝了。他的职位上来了一位新聘的会计，名叫德鲁什，是一位基督徒。对弗兰基克来说这真是一件幸事，后来事实证明，德鲁什是个大好人，他们两个相处得十分融洽。尽管这个新来的会计是个过于讲究细节、一丝不苟的人，还有洁癖，而且对工作处处要求精确，不能出半点差错，但弗兰基克从他那里学到了很多以前没有学过的知识。

◆

自七月一日起，卡夫卡先生将弗兰基克的薪水提高到每月十个金盾。"嗯，"弗兰基克心想，"早就应该给我加薪了呀。"随后转念一想，跟自己一起干活的那些伙计，拿到这样高薪的，至今没有一个。许多人的学徒期跟他一样长,挣的薪水却比他少多了。这么一想,弗兰基克坦然了,他也只能这样往好处想。

弗兰基克把薪水如数交给了家里,现在母亲留给他用于星期天花销的零用钱更多了。他曾跟姐姐佩比奇卡抱怨过,自从进账房当抄写员之后,失去了给进货商往车站运送包裹的机会,因此也没有了可观的脚力钱进账。姐姐时不常会塞给他一些小钱,哥哥冬尼克在每个月的月初也会记得给弟弟一整个金盾。哥哥眼下每个月已经能挣到三十个金盾了。

有一天,弗兰基克被店主派出去上门给几个供货商付货款。他一路走到斯米霍夫区,在大街上大步流星地走着时,一股从熟肉店飘出来的香味钻进他的鼻子。他看见街边支了一口大锅,锅里盛满泥肠,锅边立着一个双眼炉灶,上面架着两个平底锅。一口锅里滋滋煎着肉肠和血肠,另一口锅里正炸着诱人的金黄色的肉卷。肉店不远处是一家工厂,厂里的工人们都跑到这里来购买食品,店主的生意很兴隆,想必他售出的熟食也一定很新鲜,味道也不会差到哪里去。扑鼻而来的阵阵香气把弗兰基克吸引了过去,他走向站在灶边的那位卖肉大嫂,问道:

"这些香肠怎么卖?"

"肉肠和血肠六个子儿一根,肉卷五个子儿。"

弗兰基克掏出五文硬币要了烤肉卷,又花两文买了圆面包。

肉卷就用一张纸托着，拿在手上很烫。他重重地咬了一口，肚子早已饿得咕咕叫了。当时已近中午十一点钟，一点之前赶回去吃午饭肯定是来不及了。

大中午炽热的日头烤人，手里的烤肉卷也热腾腾的，弗兰基克突然没有了胃口，吃不下去了。肉卷不算小，扔掉的话怪可惜的，他不舍得。直到剩下最后一口，实在咽不下去了，他才把肉卷丢弃。回到家里，午饭一口也没有吃下去。下午到账房里，肚子开始难受起来，他脸色发灰，头晕恶心。会计让他去跟卡夫卡夫人请个假，回家歇着去，他照办了。

弗兰基克得了黄疸型肝炎。医生嘱咐他每天按时服药，除了喝苏打水之外，什么水都不要喝。

大概三四天过后，弗兰基克硬撑着回到店铺上班，他的脸色蜡黄。卡夫卡夫人听他讲了医生的嘱咐之后，每天给他十个子儿，正好够买两大瓶苏打水。整整过了十四天，弗兰基克的脸色才恢复了原来的样子。

骄阳似火的盛夏，又到了夫人带孩子们去夏日别墅避暑的时节。今年卡夫卡全家选择去日昌尼①小镇度假，他们准备把弗兰基克也带去，他将与卡夫卡全家人一起度过两个星期的假期。当弗兰基克回家把度假的消息一宣布，全家人又惊又喜，他们

---

① 距布拉格东南20公里。

从没听说过有哪一位店主会带手下的小徒弟跟着自己的孩子们一起外出避暑！而且是犹太人家庭带着基督徒家庭出身的学徒。在别家的店铺里，特别是那些食品店，学徒们因出差错挨打是家常便饭，他们的待遇和卡夫卡店铺里学徒的待遇有着天壤之别，店主们大都举止粗暴，甚至称得上"残忍"。

度假结束回到店铺里，弗兰基克耳朵里都灌满了罗伯特和另外几个店员的冷嘲热讽，现在的他对此仅付之淡然一笑。

◆

在日昌尼的那些日子，弗兰基克过得舒适而滋润。他跟弗兰茨·卡夫卡一起居住在专为他们俩预备的小房间里，伙食丰盛多样，两个男孩子胃口大开。他们要么去树林里散步，要么在花园里玩耍。弗兰基克真希望自己能够在这里多待上一阵子，然而怎么可能，这由不得他做选择。他还得赶紧回店铺去上班，把账房里落下的账目补上。两周假期尽管不算长，但惬意无忧的生活，加上营养充足的饮食，弗兰基克的身体得到了很好的调养。

他感到精力充沛，浑身有使不完的劲儿。但随后那种感觉重新出现，冲动又一次来骚扰他。自从那次去呼赫勒郊游回来后，弗兰基克已经克制住了，他动用一切办法遏制自己。在睡梦里偶尔出现的非自愿的遗精，暂且不去管它。他不再为此困扰，心神不定，他明白了这个生理现象不由他自己控制，对他的健康不会产生伤害。他更多回味的是那次无意间听到的关于男人和女人的谈话，迫切希望了解更多的细节。

他找到一本关于性生活的小册子，但什么也没看明白，反而被激起更大的好奇心。那本书显然是写给有性经历和已婚人士阅读的，满篇都是外来词和医学用语，这对青少年来说，尤其像他这样的懵懂小男生，在这本书里找不到什么借鉴。书中描写的那些神秘的提示和征兆，倒让弗兰基克感觉颇像在引诱他想入非非，对那些他压根儿摸不着头脑的未知事物做出各种假设和猜测。拿着手上的这本书去跟成年人探讨切磋，寻求答案，那会让人贻笑大方。所以在性器官的用途和功能这些至关重要的问题上，他始终不得其解，朦胧无知。

弗兰基克一次又一次哀叹于一个事实，即人们只要一提到性，提到与性相关的一切，便讳莫如深，含糊其词，他们没有勇气甚至羞于就性主题发表自己的见解。在这些问题上，青春期的或者更早年龄段的青少年，为什么不能及时得到适当的指导？那种虚伪的假正经实为一种邪恶。有知识的人装腔作势，给普通人刻意灌输这种无知、落伍的观念！

那本书的后记里有一段描写，赞美甜蜜的婚姻如何优于自由的孤单生活，结尾那句话大致是这样描述的：在一个人的生命中，没有比有个幸福的婚姻生活更美丽的事了。这句话不知道为什么深深印入了弗兰基克的记忆里，刻骨铭心。

◆

假期结束了，卡夫卡家的孩子们跟随他们的母亲、保姆安娜和厨娘又一起回到布拉格。很快就开学了，弗兰基克继续到楼上公寓给小卡夫卡补习捷克语。在九月天高云淡的秋日里，他们照常出去散步一个小时。两个男孩子在一起相谈甚欢，十六岁的弗兰基克在小卡夫卡眼里，显得知识渊博，见多识广。这些年来，弗兰基克一直扮演着师长和沉稳男子的角色，他竭力让自己显得更睿智，更有见地，并且越来越重要。

有一天，两人散步到了弗兰基谢克火车站下方的公园池塘边。五彩的野鸭和神情庄重的天鹅在池塘水面上悠闲地游来游去，两人忍不住赞叹了一番。小卡夫卡说：

"弗兰茨，你看这个池塘，以及它岸边耸立的岩石、瀑布、鲜花、鱼、野鸭和天鹅，这些我都非常喜欢，真是美景啊。"

弗兰基克马上热烈地表示赞同，接着两人展开了关于美的诸多话题的讨论，争论起世界上什么东西最美。他们用"美"和"美丽"这些词汇，绞尽脑汁地回想以前见过的事物，又编造出各式各样的事例来证明"美"的概念。突然，小卡夫卡觉得自己发现了"美"的最伟大含义，他一脸得意地惊呼道：

"最美丽的是友谊！"

这句话也许是从什么地方听来，或者在某一本少年读物上读到的，因为弗兰基克太了解这个小男孩了。在小卡夫卡的生活圈里，几乎没有朋友，更没有机会去接近别人，跟人交朋友。面对自己的学生，弗兰基克当然不甘示弱，他很快就冒出个主意，决定以自己在判断方面的优势击溃对手。这时，他在那本关于性生活手册里读到的那句话，蓦地从脑海里跳出来，他不假思索地说出了它。仿佛在教堂布道的牧师，他严肃而庄重地一字一句说道：

"在一个人的生命中，没有比有个幸福的婚姻生活更美丽的事了。"

当他一眼瞥见小卡夫卡目瞪口呆的表情时，才猛然意识到自己愚蠢地犯下了无法挽回的错误，而且即刻得到了应验。小男孩兴致勃勃地发问：

"我不明白，夫妻不就是妈妈和爸爸吗？这有什么美丽可言？"

弗兰基克费尽心思，想把话题转向另一个主题，但小卡夫卡不依不饶，坚持要他解释和澄清婚姻的美丽，弗兰基克只得这样应付说：

"好吧，你有妈妈和爸爸，他们关心你、爱你。当你学习很好的时候，他们又满心欢喜，其他孩子也一样。嗯，难道这还不美丽吗？"

小男孩沉默不语了好一会儿，显然对听到的答案不甚满意。他沉思片刻，有了新的主意，突然发问道：

"那么，孩子是怎么回事？他们是从哪里来的？你告诉我！"

这下轮到弗兰基克瞠目结舌，无言以对了。他真后悔自己一时冲动，不加考虑就抛出了婚姻的话题。他隐约预感到，这件事会导致不妙的结局，但为时已晚。

他的预感没有欺骗他。

对于小男孩提出的问题，他本可以如实相告说自己不知道，然而这么一来，他担心自己在学生心目中无所不知的形象会大打折扣，他只得硬着头皮拼凑答案。这个答案还是他上小学时从母亲那里听来的：

"是这么回事。如果爸爸妈妈想有个小孩了，他们就去祈祷。有一天，一个小婴儿便会出现在他们的床上。"

此时两人已经走在了策莱特纳大街上。小卡夫卡顺着楼梯直接跑回楼上房间去了，弗兰基克回到账房里，大家都在等着他。柜台上堆满了客户们预订的货品——刚进入秋季，店铺里的生意复苏，热闹起来了。弗兰基克和会计一道，像往常一样，直接在柜台上俯身记起账来。

迄今为止，弗兰基克几乎从没有留意过从他身边走过的任何女孩和妇人。当他在布拉格的大街小巷来回穿梭替店主办事的时候，天天与各式各样的女性相遇。他毫无兴趣地跟她们擦肩而过，从不多看她们一眼。只有见到令人眼前一亮的女性——或衣着华丽、或风姿绰约、或容貌靓丽得引人注目，他的视线才停留片刻。但是从呼赫勒回来的那个星期天起，可能他自己都没有意识到，对迎面姗姗而来的女性身体，他越来越频繁地表现出好奇，用心地加以关注。他一般忽略了与他年龄相仿的小女生，更愿意留意比他年长的女孩或者少妇。那些包裹在轻纱连衣裙里的年轻、袅娜的胴体，在他眼里就如同一幅幅美艳的风情油画。每次看到年轻姑娘高耸的胸部、优雅丰满的形体，他的身体会涌起莫名冲动。最受不了的是，当他看到那些发育完美、丰腴如凝脂的成熟少妇时，虽然薄薄的夏装遮掩了她们的性感体态，却雕塑般清晰地把她们美丽的乳峰、浑圆的臂膀和臀部凸显得愈加诱人，常使得弗兰基克不可理喻地产生眩晕感，无法自持。他极其渴望抓住这些美丽的胴体，把她们揽过来，紧紧地搂住，亲吻个不停，然后用双手温柔地抚摸那诱人的乳房，轻轻地摩挲、揉搓……

令他不解的是，当他在家里待在姐姐佩比奇卡身边时，体态同样优美的姐姐却丝毫引不起他类似的冲动。就此他很想跟姐姐做一番交流，也许能得到一些答案，为什么别的漂亮女性会唤醒他的兴奋，到底是什么原因，如何才能克制住这种冲动。但他鼓不起勇气去跟姐姐讨教，那种不自然和羞涩植根于他内心深处。

在学校里他拐弯抹角地跟同学们打听，一两个同学告诉他说，跟他一样，他们也有类似的感受，另外几个居然不明白他在说什么。弗兰基克懒得再问下去，担心被人疑神疑鬼，招来无端嘲讽。这种无法排解的苦恼，这种无知持续困扰着弗兰基克。

绵绵细雨接连下了几天，天地间茫茫一片。在和弗兰茨·卡夫卡最后一次出去散步后的某一天，卡夫卡夫人把弗兰基克叫了过去，递给他三个金盾——才刚刚到十五号呀。夫人告诉弗兰基克说，儿子的补习课到此为止，不再继续，据说他们学校增加了几个小时的捷克语课，因此课外补习成为多余。弗兰基克并没有感到意外，他早就料想到，小男孩会把他俩之间进行的对话回家学给父母听。对此他完全理解，尽管没出现什么差错，作为父母，对自己年幼的儿子受到类似这种教育绝不会苟同，即便卡夫卡夫妇没有明说，对弗兰基克也没有一丁点的责备。

祸不单行，还有更加闹心的事在等着弗兰基克。

九月一日，一个犹太青年走进店铺，说要找店主。弗兰基克告诉他说，店主过一会儿才到，如果他有什么需求的话，自己可以转告，他尽管可以先忙自己的事情去。

"哦，那倒不必，我将留在这里工作，"年轻人回答，"我叫毕克，威廉·毕克，是新来的记账员，今天正式上班。"

"那您请坐吧。"弗兰基克指了指椅子，迅速转身进入账房里。

"会计先生，您知道这件事情吗？我们新聘了一名记账员，人就在那里。"

"是吗？我没有听说呀。没准店主用的是自家的某个亲戚吧，但他没跟我提起这事。"

第三章　走出布拉格

　　弗兰基克在办公桌后面坐着，心里七上八下，揣摩着自己将面临怎么样的结局。此时会计又发话了：

　　"那你怎么办？这里不会需要两个记账员。"

　　会计直截了当的大实话让弗兰基克如梦初醒，他不禁联想到，自己不会就此卷铺盖走人吧？这样的后果，是否是自己跟小卡夫卡说的那番话导致的呢？

　　事情倒没有他想象的那般糟糕。

　　店主卡夫卡终于迈进店铺来了，小伙子毕克马上从椅子上一跃而起，高声打招呼，主仆两人如同老熟人般聊起天来。不难看出，小伙子果真是店主的亲戚，一个富庶人家的孩子，刚从商业技校毕业，先找个地方实习，热一下身，然后按部就班去某一家银行当职员。来店铺实习自然是通过另一位亲戚搭桥谋就的工作。店主做了如下安排：他把弗兰基克安置到了库房里，在店长米勒的指点下学习处理客户订单，晚上再回到账房去记账。

小伙子毕克每天在傍晚六点时就离店回家。五六个星期之后，他没有再出现在卡夫卡店铺，如愿去银行就职了。

弗兰基克在米勒手下干活的这段日子，不得不重新提着竹篮四处出去找货，罗伯特和另外几个伙计看到他失魂落魄的样子，自然好好奚落了他一番，故意问他，在办公室里坐惯了的账房先生，现在拎着篮子四处奔波，滋味好受不？

弗兰基克遭到店主的冷落，已经觉得很没面子，十分难堪，而伙计们的无情嘲弄，更是往他伤口上撒了一把盐。他反复思考自己目前的尴尬处境，慢慢得出结论：将来能否成为店里的记账员，是个不定数，谁也无法保证。等他学徒期结束，不排除这种可能，卡夫卡先生把他安排到店铺里干活，而不是让他坐办公室。

做一个围着柜台跑前忙后的小店员，弗兰基克已经不甘心了，他更习惯于坐在账房里抄抄写写。办公室里的工作不仅舒适、干净，不被人催着四处奔波，而且账房里的伙计最起码也是个"先生"，比起店铺的伙计，身份要高出一截，库房里的苦差事自然更不必说了。

他开始谋划，如果将来的结局果真如他所料想的那样，那他不如早一点到别处另谋出路，只要有地方需要，只要能把他安排在账房里做先生。他在卡夫卡店铺的办公室里工作近一年了，学到了不少本事，寻觅到一份类似的工作应该不成问题。

可是，如何去应聘？到哪里去应聘呢？弗兰基克心里没有一点谱。他清楚眼下这种状况，自己肯定不能找蒙科娃太太帮忙介绍，她一定会在第一时间把消息透露给店主卡夫卡。

目前弗兰基克别无选择，只得重拾竹篮子和古斯塔夫或别的新学徒一起走遍从前走过的那些库房，店主卡夫卡又在施图巴特街租下一家新仓库，店铺里的生意越来越兴旺，规模也越做越大。那个新仓库很大，沿策莱特纳街出去要走很长一段路，对此弗兰基克非常恼怒，一旦在街上碰到个熟人，看见他拎着满满一篮子袜子或者内衣裤，那场面会令他颜面扫地，因为他早就跟小伙伴们吹嘘自己被提升为账房的记账员了。但另一件事情又让他感到宽慰，罗伯特离开了店铺，从布拉格彻底消失了，他在家乡施卢克诺夫附近的德语区谋得了一份新工作。

◆

有一天，米勒关照弗兰基克处理完手头的订单之后，提上竹篮到楼上的库房去找他，他先上去把需要的商品挑选出来。很快弗兰基克就把柜台上的订单整理完毕，提上竹篮走出库房，沿楼梯不紧不慢地往楼上公寓走去。他漫不经心，落脚很轻，几乎听不到他的脚步声。弗兰基克把手中的篮子放到墙角，轻轻拧开了厨房的门把手。事先没有摁门铃，这是他的习惯。厨房门没有锁，悄然被推开了，他看见米勒一只手搂住厨娘玛丽的腰，另一只手摁在玛丽的乳房上，正忘情地揉搓着。弗兰基克注意到，玛丽虽然半推半就，躲着米勒的手，却抿着嘴巴在悄悄地乐，看得出来漂亮的厨娘并不讨厌米勒这么做。弗兰基克退回来，正忘乎所以偷情中的那一对儿，并没有发现弗兰基克。

关上门，等了片刻，弗兰基克摁响了门铃，抓住门把手刚要拧动，门自动打开了，弗兰基克差点和慌忙前来开门的年轻厨娘撞个满怀。她满脸通红，神色慌张，坚挺丰满而且富有弹性的胸脯触碰到了弗兰基克的肩膀，他的身体不禁一阵麻酥，那种战栗的感觉真是很美妙。

姑娘笑眯眯地随手抓起了手边的活，弗兰基克跟随米勒穿过厨房走进库房里。半个小时之后，等他们两人拎着满满一篮子货物往回走的时候，厨房里出现了保姆安娜和卡夫卡家的两个小女孩，大概从外面什么地方刚散步回来。玛丽往杯子里倒着咖啡，佯装没有看见从身边经过的米勒，米勒也装作若无其事，一点也看不出片刻之前两人还热烈地拥在一起缠绵。

而再次看到厨娘的弗兰基克，浑身燥热起来，忍不住联想到之前目睹的场景,还有这个年轻姑娘丰满的酥胸触碰到自己身体的刹那间的感觉,不觉热血沸腾,全身火烧火燎,许久才平静下来。他一整天都晕晕乎乎的,直到晚上做账目,必须全神贯注埋头计算时,他才把这件事情抛到了脑后。一回到家里,白天撞见的场景又塞满他的脑袋,躺在床上,眼前一遍又一遍地出现两个人在厨房里的亲昵画面,直到进入梦乡。

这天夜里他做了一个梦,梦见自己再次来到楼上的厨房,玛丽笑眯眯地盯着他看。他一把搂过了玛丽,使劲儿抱住,就像米勒在下午那样……无以言表的惬意感觉在他全身荡漾,在燥热中他的身体震颤起来,弄醒了自己。他翻个身又睡了过去,平静地睡到大天亮。

◆

清晨往店铺走的一路上,弗兰基克反复回味昨天夜里的梦境,期望有朝一日能梦想成真。一想到这里,浑身的血液又急剧奔涌起来,直到投入到店铺繁忙的工作里,他才无暇分心去胡思乱想。

下午,其实已近暮色黄昏,有一批货通过铁路运送到了店里,大家忙着把货品分送到地下室的库房里存放。古斯塔夫和新来的学徒提着竹篮子运,弗兰基克用两只手搬,抱了个满怀。他们把货送到楼底下,码放整齐,再回到地面上来搬新的一摞,来回运送了好几趟。等搬完最后一趟货物准备离开库房时，弗兰基克注意到邻近的那间煤窖里亮着灯，灯光把他吸引了过去，一个念头突然在他脑子里闪过：在里面的肯定是玛丽，在砸煤块呢。我要去找她！

时机很凑巧，古斯塔夫和那个小学徒提着空竹篮已经先上楼去了，弗兰基克拿着库房的钥匙，晚走一步。他停下步子，侧耳倾听，只听见渐行渐远的脚步声和煤窖里传出来的铁锤或者斧子的敲砸声，厨娘正使劲儿把大块的煤砸成小块。透过木板条钉成的门板缝隙，在煤油灯昏暗的光晕里，弗兰基克看到了厨娘的身影，还是昨天那身装束，薄薄的居家穿的长衣裙。

弗兰基克急忙重重地迈出几步，好让玛丽做好心理准备，省得她以为自己和另外两个人一起离开了，而自己贸然出现在她身后，把她吓一跳。

弗兰基克拉开木条门，伫立在门中央，此时玛丽也停止了敲打，站起身来。她看了一眼弗兰基克，并没有感觉意外的样子，招呼道：

"嘿，弗兰基克先生，帮我把这桶煤拎到楼上去吧。"

"那当然。"弗兰基克边答话边走进屋去，提起满满一桶煤回到了走廊上，走出几步后，他又返回去，这时玛丽锁好了木条门上的挂锁。弗兰基克一下子扑到她的身边，吹灭了她手里提着的煤油灯，连自己都不清楚怎么回事，就一把抱住了姑娘，两人都一声不吭。弗兰基克模仿昨天看到的米勒的动作，左手搂住姑娘的腰，右手颤巍巍地摁到了她那温暖、隆起的胸脯上。他顾不上亲吻她的嘴唇，只是饥渴地抚摸着那富有弹性的双乳，虽然无法遏制的狂野让他急不可耐，但他的动作依然轻柔而有温情。双手贪婪地在真实的乳房上来回揉搓，这给弗兰基克带来了前所未有的体验，那感觉太美妙了。在这漆黑一片的地下仓库里，两个人都不出声，强烈的欲望和放纵感彻底攫住了弗兰基克，他把自己整个身体紧贴在玛丽身上，两只手搂着她，狠命地箍住她。玛丽的身子微侧，大腿夹在他的两腿之间，弗兰基克感觉自己的下体越来越坚挺，有一股力量推着他贴向对方的身体，恨不得融为一体。现在他的头脑很清醒，随着那越来越惬意的美妙感觉在全身洋溢，他的身体倚着玛丽的大腿不由自主地上下摩擦起来。

　　然而，玛丽一下子挣脱开他的怀抱。她的个头比弗兰基克要高，力气也大多了，仅用一只手就推开了眼前的小男孩，她另一只手里还提着已经熄灭了的煤油灯。她转身走到那只煤桶跟前，拎起来，顺着走廊缓步往外走去，始终没有说一句话。弗兰基克追上去，又从她身后搂住她，不肯放弃片刻触摸女性身体给他带来的甜蜜和快感。前方出现了亮光，两人已到了走廊的尽头。灯光让迷醉在兴奋之中的弗兰基克忽然清醒，他不情愿地松开双手，放开了玛丽。等走出地下室，到了地面上的灯光下，两个人停下脚步，互相对望。玛丽冲他微微一笑，疾步离去了。弗兰基克沉浸在激动之中，颤抖的身子软软地倚靠在墙上。歇息良久，汹涌激越的感情波澜才逐渐平息。他朝院子里走去，回到库房里。谁也没有走上前来看他一眼，他很快就回过神来，恢复了常态。

晚上下班后，从店铺回家的途中，他边走边回味自己今天第一次接触女性的冒险经历，猛然间意识到，他居然一点没想起来要亲吻玛丽，哪怕吻一下呢！自这一刻开始，在以后的分分秒秒里，他产生了一次又一次的渴望，渴望触摸玛丽柔软的身体，对接吻倒没有那么眷恋。

◆

第二天大清早，弗兰基克就急匆匆赶到店铺里，期盼能再一次遇见玛丽，至少跟她说几句话——他内心深处的希冀是，像昨天那样伺机接近她、抱住她、抚摸她的身体。弗兰基克没有如愿以偿，整整一天时间里，没有出现上楼去公寓的机会，也没有去楼上库房取货品的需求，他更没有那个胆量，鲁莽闯进厨房去找她，况且他已经很长时间不给小卡夫卡补习捷克语了。

第二天下午，终于等来了机会，弗兰基克又要到楼上库房去取货。因为要拿下来的东西不多，他就没有提竹篮子，空着双手径直到楼上公寓去了。他摁响了厨房边的门铃，心不禁怦怦跳起来，满心希望前来给他开门的是玛丽，最好厨房里就她独自一人在。

令他大失所望的是，给他开门的是一个陌生老女人，颧骨高耸，面目可憎，她的身后站着保姆安娜。看到弗兰基克一脸的错愕和尴尬模样，安娜解释说：

"哟，弗兰茨先生啊，很奇怪，是吧？玛丽已经不在这里干活了，这是新来的厨娘。"弗兰基克满心狐疑，脱口问道：

"怎么这么突然啊？"

"你还不知道吧，"安娜接着说，"昨天傍晚，夫人上楼来交代玛丽准备晚餐的事情，就在厨房门口的走廊上，撞见了米勒和她抱在一起。夫人当天晚上就让玛丽收拾行李，今天一大早就走人了。"

"那米勒呢？"弗兰基克忍不住追问，记忆中在楼下似乎瞥见了米勒，跟往常一样在店里忙碌。

"他能怎么样啊？男人们从来什么事也不用担，这种事情压根儿也不稀罕。"说完这番话，安娜转身回自己房间去了。

弗兰基克打开库房大门，拿上需要的货品悻悻地下楼去了。

在楼下正好听见米勒在跟赫勒说：

"……不到一个小时她就被打发回家了。"说完粗俗地放声大笑起来。

弗兰基克陷入了沉思。世界原来是这样一副面孔，那个女孩并没有过错，却遭到无情解雇，那个男人对她实施了骚扰，却不担负任何责任，最后还嘲笑女孩一番。不难推测，一定是米勒去勾引的玛丽。弗兰基克回想起昨天自己在地下室里对玛丽的非礼，对此事的认识让弗兰基克无比羞愧，他暗自发誓，以后决不再肆意乱来，不去骚扰任何女孩子。

◆

威廉·毕克离开店铺去银行之后，弗兰基克重新回到账房里工作，对此他当然满心欢喜。但随时可能被调出去的那种无奈，又让他感觉沮丧。在脑海里挥之不去的这种苦涩，迫使他开始考虑设法去别处谋一份坐办公室的工作。有时他在想，做一个像皮克那样的"代理"也许不赖，但成为克劳斯那样的乡村推销员他不敢奢望。他承认去从事这样的推销自己资历尚浅，个子也显瘦小，起码过几年再做考虑。

弗兰基克从店铺伙计那里获悉，在报纸的广告栏里经常刊载招聘启事。从此，只要有外出机会，他都驻足留意墙报栏里张贴的《布拉格日报》和《民族政策》，但没有发现适合自己的工作。

　　他没有跟家人提及这件事情。他知道，对于他的想法，母亲第一个就不会认同，一定会力劝他熬到学徒期结束，不然别家的店主也不会接纳一个半途的逃兵。父亲的话必然也大同小异，或许更不中听，父亲会把弗兰基克的愿景看作是任性，看成小男孩的冲动和不明事理。

　　弗兰基克之前经常去换货的那些类似卡夫卡店铺的大批发商行的店主们，曾有那么一两次这样劝他：

　　"怎么样，卡夫卡（以前流行这样的称呼：对上门来的其他店铺的伙计，一概以他们店主的名字称呼），你这么机灵的一个小伙子，到我这儿来干吧？我们店铺就需要像你这样的年轻人。"

　　"我倒是愿意啊，"弗兰基克回答，"只要卡夫卡先生愿意放我走，而且您得给我安排到账房里工作才行。"

　　"要坐账房？"诺伊斯塔特先生以及另外一家店铺的斯莫尔卡先生做惊讶状，"缺人手的主要是库房，客户订单需要处理，再帮衬做些别的事，活计跟卡夫卡店铺差不多的。"

　　弗兰基克道了谢，回复说自己可以考虑一下。假如能够转到这几家批发行工作，他满心愿意，因为这几家都是大规模的批发商行，不做小零售，晚上早早就打烊，淡季的时候只工作到晚上七点，即使旺季生意兴隆的时候，晚上最迟也不会超过八点。但弗兰基克告诫自己，如果进不了账房做记账员，还不如先在卡夫卡店铺里干着，等待时机。这些批发商果真看中自己的话，将来他们依然会对自己感兴趣。一想到自己在卡夫卡店里的学徒期满之后，不愁没有新去处，弗兰基克不禁沾沾自喜，从容自得起来。

后来他又听说，学徒们即使出徒了，也很难谋到店员的工作，因为店主们往往在学徒们出徒之后，不再续聘，而是另找一些新学徒从头干起。这样一来，便出现了学出徒的年轻店员数量过剩，好几个月都找不到合适的工作，因为找不到出路，最后被黑心的店主以一半的薪酬收留的现象。

弗兰基克没有克制住得意，跟家人透露了目前已有几家店主想挖他的消息。父母听到后倍感欣慰，同时夸他表现明智，没有提前离开现在的岗位。然而，该发生的事最终依然会发生。

◆

肃杀的秋天转眼过去了，岁暮天寒的冬季再次来临。店铺里的生意热火朝天，总有干不完的活。现在只要弗兰基克在星期四和星期天出去上课，店主卡夫卡和会计就会表现出不满，因为当天的账来不及结算，账单就无法随同货物在同一天发走，这种延迟的状况持续至今。

"如果店铺实在忙不开，你总可以留下来帮一把手吧。"又一次，卡夫卡这样对弗兰基克说，但弗兰基克不肯松口。

"课我必须去上，您不能阻拦我。万一被人知道您不放我去上学，您还会被课以罚金呢。"弗兰基克振振有词，把卡夫卡噎了回去。店主看得出来，在上学这件事上跟弗兰基克没有商量的余地，他便不再赘言，转身走出门去。弗兰基克不免心有余悸，担心店主会整治自己，后来倒是什么也没有发生，只是两人之间的关系变得有些紧张，卡夫卡从此再没有说过不让弗兰基克去上学的话。卡夫卡夫人从弗兰基克不再给儿子补课时起，对他的态度也变得谨慎了。店里的其他伙计似乎还是老样子，妒忌他混进了账房，而且变得越来越有出息。

售货员巴尔顿小姐大约在半年前辞去了店铺的工作，去别的地方了。她的工作由新来的犹太姑娘艾玛接替，她是卡夫卡家的亲戚，虽然长得年轻漂亮，却刁蛮不讲理。她自恃好看的容貌，又是店主的亲戚，对每个人都颐指气使。她一进店里就不把弗兰基克放在眼里，有一天两个人终于争吵起来，互不相让。之后艾玛有所收敛，店铺里清静了一阵子，对此大家都很感激弗兰基克，他给了不可一世的艾玛一个下马威。

店铺里新添了三个伙计，都是犹太小伙子，弗兰基克跟他们的关系也过得去。虽然跟会计一直相处融洽，但年龄上的差异和会计不经意间端起的架子，让师徒俩无法走得更近，更别提交心了。所以，弗兰基克身处的地位和环境，始终让他感觉压抑，不易承受。更换工作的欲望，日渐强烈。

◆

圣诞节一过，新年接踵而至。

那是一个再普通不过的星期天。弗兰基克用完丰盛的午餐，像往常那样拿起《民族报》埋头读起来，对他来说，这是最舒心的一刻。他会花费个把钟头仔细阅读聂鲁达[①]的随笔和伊格纳特·赫尔曼[②]专为周日副刊写的短篇小说。像他这个年龄，对报纸的政论版尚提不起兴趣，随后他把报纸翻到"每日新闻"和"法庭报道"栏目，最后看广告。

在1895年元旦这一天，弗兰基克的视线落在了一则招聘启事上。启事这样写：弗·瑟泽姆斯基公司下属的蜡烛及蜡制品生产厂，需招聘办公室实习生一名，公司地址：姆拉达·波列斯拉夫城[③]。

这个消息犹如一束耀眼的光在弗兰基克眼前照亮：这个职位为你而设！他毫不迟疑，立刻找出了纸和笔，将一封求职信一挥而就，刻不容缓寄了出去。他把这件事告诉了母亲，问她如何看待应聘结果。母亲只是笑了笑，没有作答。

[①] 即扬·聂鲁达（1834—1891），捷克19世纪著名作家。
[②] 伊格纳特·赫尔曼（1854—1935），捷克幽默作家、编辑，以描写布拉格环境的随笔和小说闻名。
[③] 捷克城市名，位于布拉格东北50公里处，是斯柯达汽车公司总部所在地。

过了三天，他回家吃午饭，看到一封信"躺"在桌子上。漂亮的白色信封，上面印着奥匈帝国双头鹰标志和公司名片：弗·瑟泽姆斯基公司，皇室宫廷供货商，蜡烛及蜡制品生产厂家。信封里面的信纸也制作精美，在那个年代显得异常高雅、大气，给人第一印象是厂家很有实力。信函内容简洁，就通知弗兰基克前往公司面试，介绍自己的情况。信函末尾还温馨提示：路费将由本公司为您承担。

"太好了，太好了！"弗兰基克大声欢呼起来，在厨房里雀跃，来回跑了好几圈，满脸放光，"他们给我发来了邀请，我一定要到那里去一趟！"

母亲端着午餐过来，看到儿子如此激动，她的眼睛里也露出了快乐的光芒。

"到底还是给答复了？我原以为他们都不会给你回信呢。"话说完，母亲暗自忧心忡忡，路途这么遥远，恐怕难以成行，但她没有明说，母亲不想破坏儿子的好心情。这个星期刚刚开始，父亲要到周六才能拿回薪水。再说了，儿子小小年纪，怎么可能独自外出一整天呢？况且周日上午还得去店铺里上班。可是现在无暇讨论这件事情，弗兰基克匆匆吃完午饭，疾步赶回店里上班去了。等到了晚上，跟父亲和家人坐到一起，再共同商量拿主意吧。

下午店铺里的活多得忙不过来，弗兰基克都没有工夫去想别的事。这期间只有一次想起了那封寄自波列斯拉夫城的信函，心里涌起一股暖洋洋的满足感。信函给了他希望，自己有机会离开这里，去见识卡夫卡店铺之外的其他新事物。他非常期待坐上火车，去一个遥远的地方。他长这么大，很少有机会乘坐火车到达比呼赫勒或利博茨更远的地方。只有他十岁那一年，学校组织学生们坐火车去佩鲁茨①的农庄度暑假，满足了他远行的愿望，但那已经是陈年往事了。

　　总算听到店主卡夫卡喊"收工"的声音。等弗兰基克冲到家门口，迈进家里，差不多已是晚上九点钟。他一路狂奔，气喘吁吁，在难以置信的最短时间里赶回家中。全家人早已吃完晚饭，就等他回来了，包括父亲在内。往常这个时候父亲早已上床就寝了，干了一天体力活，他晚上很少耽搁，晚饭后浏览一下《民族报》，便上床休息。大清早他总是第一个起床，破晓时分就离家到工厂去。今天，他从妻子那里得知这一重大消息，便坐下来等候他的小儿子。弗兰基克一进门，他马上笑眯眯地打趣道：

　　"怎么，你要开溜啦，我没说错吧？难道这个家让你待腻了，小子？卡夫卡店主会怎么想呢？"

---

① 位于北捷克州。

"这个家我没有待腻，爸爸，没有。我只是想出去闯一闯。而且，我心里一点底也没有，到了那里，如何向人家介绍自己。再说，还要看厂家怎么看待我，会给我什么样的答复，我才……"

"假如对方没有聘用你，或者他们不同意按你的要求给你发薪水，那你不白跑一趟啦。"母亲插话。

"他们在信里写了，路费由公司承担，"姐姐佩比奇卡连忙接过话头，"就让弗兰基克去试一试吧，至少开阔一下眼界。"

弗兰基克感激地望向姐姐，接着道出了自己的计划，包括在哪一天请假：他准备在星期天一早动身，晚上返回布拉格，让家里给卡夫卡店铺捎信儿，称自己病了。

最后全家人达成共识，弗兰基克这一趟远行，利大于弊：即使没有被聘用，他也没有什么损失，反而增长了见识；万一被聘用了，支付给他的薪水肯定足够他在那个城市生活，家里还少了一张吃饭的嘴，对大家都有好处。

◆

星期天黎明时分，弗兰基克按计划出发了。他和母亲道了别，其他人还在沉睡。他急不可耐地赶到弗兰基谢克火车站，对火车即将带他前往的那个陌生地方——姆拉达·波列斯拉夫城以及要去面试的蜡烛厂，充满了向往。结果会如何呢？他的一只手深深插进衣兜里,手心里紧紧攥着五个金盾,那是母亲在昨天晚上郑重交到他手里的,母亲一再叮嘱,回家后一定要如数归还。除非对方仅为他承担火车票费用,在这种情况下他才可以动用这笔钱在外面吃个午饭,剩下的钱一分不能乱花。

弗兰基克在火车站买好车票,花去了一元二十文。汽笛第二次鸣响之后,他走到站台上,跨进了车厢,不久火车就缓缓启动了。车厢里很暖和,他舒服地靠在座椅上,等着欣赏窗外的景色。天色未亮,四处黑魆魆的,到维索羌隧道还有很长一段距离,火车此刻穿行在空旷的原野上。铁道两旁,除了被冰雪覆盖的白茫茫的原野,什么都看不清,夜幕将一切吞噬了,只有一掠而过的小车站上几盏煤油灯在闪烁。

一路上比较无聊。车厢里的旅客不多,都是父母亲那般年纪的人,有的带着孩子,每个人都睡眼惺忪。车厢的天花板上悬挂着一盏小油灯,光线黯淡,忽明忽暗。没有人愿意开腔说话,偶尔有人问一声到哪个车站了,搭腔的声音也懒洋洋的,回答寥寥数字,再简短不过。

弗兰基克在这种沉闷无聊的氛围里感到孤单无依,很不自在。列车行驶将近一个小时了,但走了还不到一半的路程,一切跟他原来想象的不一样。从家里出来的时候,他按捺不住激动和紧张,期待一路上会奇遇频出,这趟旅程在他眼里充满冒险。然而，无论在车厢里，还是车窗外，什么趣事也没有发生，也没有目睹任何奇特的景象。唯独列车员在火车靠站和重新开动之后，准时出现在车厢里，给那些新上车的旅客检票。

过了奈拉多维采之后，天色才开始亮起来。弗兰基克听到有人告诉邻座的旅客，说自己去姆拉达·波列斯拉夫城，他不由得再次考虑起此行的目的，思绪随之转到了工作上。他在心中想象和勾勒那个陌生的城市，觉得那座小城应该跟布拉格的城郊相仿，就如同努斯莱、科西瑞和维索芜这些地方。他又开始想象那家蜡烛厂的样子。他有点纳闷，蜡烛这东西还用得上开一家工厂来生产吗。平时他只在地下仓库里见到那些用来照明的普通蜡烛，别的地方都是点煤油灯，而大街上、商店和旅馆里普遍使用的是煤油灯。他无法想象，什么地方需要耗费大量的蜡烛，以至于要建造一座蜡烛厂。

他听别人讲起过制作蜡烛的师傅，在报纸上也读到过那些技师专门给教堂制作蜡烛的新闻。在他看来，从事这项手艺的人用不了几个，因为在教堂神台上就插六支大蜡烛，而且只在做弥撒的时候才点燃，平时都是插在那里摆样子的。

在后来的行程里，他把头转向窗外，眺望外面的景象，一派傲雪凌霜的冬日风光。在越来越明朗的熹微晨光里，他看到了路边的村庄以及厚厚白雪遮盖下的凄冷的原野，或大或小的树林在车窗外一掠闪过。

东边的天际渐渐显露出一抹粉红,折射出第一缕耀眼的太阳光线,弗兰基克惊喜地呼出一口气。这种美丽的景象他在布拉格是做梦也不会看到的。

火车在斯特拉诺夫车站停靠下来,弗兰基克从沉思中回过神来,意识到剩下的路途不会太远了,他的思绪又转到波列斯拉夫城和蜡烛厂里面去了。要见到的工厂主大概长什么样子?年轻还是年长?平易近人抑或不苟言笑?他会跟自己谈些什么呢?他猛然想到,对方可能会要求自己提供资格证书、某一项考试成绩及相关证明。万一自己真被聘用了,他一定尽力胜任他应聘的那个岗位,努力完成公司给他安排的任务。

他有点不知所措。新工厂对他的要求肯定比他现在所在的店铺要高出很多,也许那也是一家大批发商行呢。分配给他的工作和任务肯定是他以前没有接触过的,想到这些他有点惶恐。自己又能拿到多少薪水呢?假如不够自己花销的话,也是无法指望家里给补贴的。那么这里的岗位只能放弃了,虽然自己那么渴望更换一份工作,尤其盼望离开卡夫卡,离开卡夫卡店铺。每天在卡夫卡店铺干那么长时间的活,而店主支付的报酬却那么微薄。

火车再次停下来,列车员在大声呼喊:

"姆拉达·波列斯拉夫城到了。"

弗兰基克跳下火车,他没有携带一件随身行李。穿过车站大楼,就直接到了大街上。他看到对面是一栋厂房大楼,楼顶上的烟囱直指天空,他马上想到,没准就是那家蜡烛厂了。然而并不是,墙上的大标语清楚写着:农家糖厂。再往后是零散分布的几家民宅,城区坐落在更远处的高坡上,前面是排列凌乱的楼房,后面巍然屹立着一座城堡,保存完好。看上去往上走的这段路不近呢。

他转身往相反的方向望去,看见离车站的出口不远处,停着一辆马车,拉车的两匹大马彪悍壮实,赶车的马车夫正朝自己走过来。见多识广的马车夫一下子就看出来了,弗兰基克是第一次到这个地方来。他马上招呼道:

"坐车走吧,年轻的先生,走着去城里的话,要半个小时呢!"

"那坐车需要花多少钱?"弗兰基克小心翼翼地打听。

"二十个子儿。"

听到这个回答,弗兰基克心里盘算了一下,够贵的。他扫了一眼钟表,快八点半了,这个点他应该找到厂家,前去报到了。假如步行去城里的话,还需耗去半个小时,那就太迟了。他决定乘坐马车去,付完马车费,他钻进车棚里,里边已经坐了三四个乘客。马车夫随即一跃跳上马车，策马驱动起来。

驶过耶泽河上的一座桥，马车沿着长长的林阴道嘚嘚走了起来，夹道两边是粗壮的颇有些年头的栗树，这时节树干上的枝丫光秃着，没有一片树叶。走上城堡东侧的马路，一个大拐弯之后就开始往高坡上爬了，迎面就望见矗立在广场上的城门遗址。

"这叫布拉格城门。"马车夫跳下马车后回答了弗兰基克的问题，马车在白羊旅店门前停了下来。

马车也走了近半个小时。弗兰基克有点生自己的气了：自己跑步那么快，完全可以跑着上来的。二十文钱可以好好吃一顿饭，买得到两根小泥肠、一块黑面包和半升啤酒了。

"且当喂羊了吧！"

此时弗兰基克才想起来，大清早出门前在家里简单吃了点早饭，到现在还什么都没下肚呢。他迈进一家小食铺子，点了一根小泥肠和一个羊角面包，没有要啤酒，他不敢多耽搁。跟跑堂儿打听清楚去瑟泽姆斯基工厂的路线后，他匆匆出门往目的地赶去。

◆

从广场往左走到底，拐进一条狭窄逼仄的小道，没走多久出现了一个台阶，那个时期还是木楼梯，顺着木楼梯往下走，正如跑堂儿指点的那样，便看到一栋高大的纺织大楼，旁边是一幢几层高的楼房，外表看起来不像厂房，更像是高级住宅。他留意了一下大门旁边的标牌，上面写着：蒸汽浴和盆汤浴。这跟跑堂儿说的一致，贴着这个标牌的楼房就是他要寻找的蜡烛厂。

弗兰基克对此依然半信半疑，担心有可能弄错，但还是朝那边走过去，假如蜡烛厂当真不是在这里的话，他再打听。把身后的大门关上，他迈上台阶进到楼房走廊里。右边是一扇带移动玻璃的木门，门框上钉着"门房"标记的牌子，他看见里面站着一个男人，叼着很长的烟嘴，同时听到了他的问话：

"您找谁？"

"请问，这里是否是瑟泽姆斯基先生的蜡烛厂？"他疑惑地发问。

"没错，是这里。"门房的话音刚落，房门就打开了。

"那好，我能跟工厂主先生说话吗？我收到了他的一封信，让我来这里面试。我是来应聘办公室那个岗位的。"

"啊，明白了，是您啊，"门房的声音非常爽朗，他随后走出来说："我带您去吧。您看上去真年轻啊，是从布拉格来的吧？跟我来，您有多大了？顺着这个楼梯走下去。您都到过什么地方？我的意思是说，您以前在哪里做过，店主是谁？就这儿，到了。"门房指了指一扇带"办公室"标记的门，推开门，没等弗兰基克答复他刚才连珠炮似的一大堆问题，就把他推进门去，在他身后大声宣布说：

"这就是那个从布拉格来的小伙子，瑟泽姆斯基先生。"

一个身材魁梧的男士从一张写字台后面站了起来，三十五岁的样子，外表给人的印象很具亲和力。他微笑着朝弗兰基克迎过来：

"那您一定是巴尔基克①先生了？"他和蔼地招呼弗兰基克。让他介绍自己在卡夫卡店里从事什么工种，会什么技能。随后门房退了出去。

如此亲切的见面方式出乎弗兰基克的意料，对方对自己的称呼很让他受宠若惊：巴尔基克先生——天哪——巴尔基克先生，这称呼听上去跟在卡夫卡店铺里频繁灌入耳朵的"弗兰茨，擦窗去"简直有天壤之别！弗兰基克兴奋起来，开始用生动、明了的语言，详细介绍自己在卡夫卡店铺从事什么工作，擅长什么。他注意到，对自己的叙述瑟泽姆斯基先生听得津津有味，对瑟泽姆斯基提出的问题，他也做了顺畅、清楚的回答。谈完话之后，工厂主在房间里踱来踱去，在沉思中走了两三个回合，似乎做出了决定，之后他转过身来，对弗兰基克说了下面这

---

① 为了表示礼貌，初次见面的人一般称呼姓，而不称呼名。"巴尔基克"是弗兰基克的姓。

番话：

"嗯，虽然看起来您的年龄不大，但通过您刚才的介绍，可以看出您对自己的工作很在行，懂得很多，相信您对我们公司的工作也一定能驾轻就熟，很快胜任。我决定聘用您，起步薪水为每个月二十个金盾，请您一定尽快来就职，最好现在就留下来。如果您的工作表现令我满意，我会很快给您加薪，这样就让您也感到满意。"

在惊喜之中，弗兰基克向工厂主道了谢，感谢他的接待。对于马上就任的问题，他不知道该如何答复。首先要在卡夫卡先生那里申请辞职，弗兰基克不会随便一走了之。依照当初的约定，学徒期到三年才期满，他还差半年时间呢。

瑟泽姆斯基先生笑了一下，称赞弗兰基克的行为得体。但还是建议他尽早去跟店主商量，好让店主马上放他走，最迟到一月末，二月一日能来上班最理想不过了。万一来不了，请立刻写信通知他，他们好另外找人，公司收到了好几份应聘函。说这番话的同时，瑟泽姆斯基先生从皮夹里拿出五个金盾，放到弗兰基克手里，说道：

"这是您今天来这里的路费，我接下来带您去参观工厂，了解一下我们的产品，至少今天先知道个大概。星期天厂里不开工，所以车间里没有工人，只在办公室安排一个人，上午值两个小时的班,每周轮流替换。这个人要在厂里帮忙接收邮件,[①]处理一些必要事务。平时办公室里还有三位工作人员。"瑟泽姆斯基打开了通向旁边一间屋子的门,里边是个大厅,他接着介绍说:

"在这里浇铸供教堂使用的大蜡烛,等您来上班之后,就能看到制作工序了。"穿过大厅时,弗兰基克看到墙壁两边分别排列着一长列锅炉,就像洗衣房煮衣服的那种,还有一些设备和仪器。走进另一间屋子,比刚才的大厅面积稍小,也排列着两排又高又窄用于溶化普通蜡烛的机械设备,蜡烛的规格虽然大小不一,但都是商店里通常出售的那些种类。顺着楼梯而下,他们来到了地下室。地下室的所有空间都被高达天花板的木架子占据了,四面墙壁被架子围着,屋子中央也一排排依次排列着架子。架子上的格子里塞满了纸箱和包裹,装着大大小小随时准备邮寄出去的成品蜡烛。两人从地下室上来,直接上到三楼,那已经是顶层。侧楼一直延伸到院子里,里面堆满了原材料、蜡烛制品以及各种用来制作蜡烛的机械仪器。

在院子里设有锅炉房、机房和木工室,制作木箱、家具和柜子。院子里还有一座独立的小楼,里面放置蜡烛漂白设备,还有使用蒸汽驱动用来切割木板条的锯子。院子尽头已经紧挨

---

① 奥匈帝国时期,邮局在星期天上午也工作,跟其他国家一样。

着耶泽河河岸，那里自然是蒸汽浴、盆汤浴和河水浴的所在了。工厂主边走边告诉弗兰基克，厂里还雇用了两名专职推销员、几位代理人，工厂在不同的国家和城市设有办事处，雇用了六十多位工人。

虽然一路走马观花，几乎马不停蹄，没有太多停留，参观还是花去了一个多小时。亲眼见到的一切让弗兰基克叹为观止，很是诧异。他始终不理解，怎么可能需要六十多个工人日复一日地在厂里制作蜡烛，如此大量的产品销往哪里呢？他有一肚子的问题要问，想听到解答，可工厂主步履匆匆，没有多余工夫耽搁。瑟泽姆斯基向弗兰基克承诺，等他来公司上班后，一定立刻给他提供培训，让他有足够的机会了解每一道生产工序。

◆

从厂房里走出来，时钟已指向十一点钟，下午一点左右才有一班火车开往布拉格。弗兰基克在权衡，下一步是先去观赏市容还是直接回火车站，他觉得选择后者更为妥当。

口袋里装着工厂主新给的五个金盾，让弗兰基克底气十足。他计算了一下，从家里带来的那笔钱，扣除他需要购买的回布拉格的车票钱，还剩下三个金盾，足够他在这里享用一顿丰盛的午餐，还会剩余不少。

他先去打听回城的路径。走过一座桥，跟早上坐马车经过的不是同一座，到了一个小车站。那个年代的小火车站就是搭起的一个棚子，没有窗户也没有门。一位铁路工人给他指了路，让他沿着铁轨走，能直接到达火车站。

现在已是大中午了，弗兰基克走进一家餐馆，点了一份午餐。他询问了价格，得知午餐还提供一份汤，主食是熏肉配馒头片和酸白菜，总共四十文钱。饭菜做得可口极了，给的分量也充足。他又让跑堂儿送来一杯啤酒和一根弗吉尼亚雪茄，最近这段时间他学会了抽烟，每星期抽一根雪茄，觉得很过瘾。

手里还余下两个整钱，加上几枚硬币，弗兰基克在餐厅暖和的角落里，舒坦地坐着，开始盘算下一步的行动。卡夫卡先生能不能放自己走，让他如期在二月一日来这里就职？万一真能如愿成行，自己将住在哪里？怎么住？在这个陌生的城市他举目无亲，没有一个熟人，租住到别人家里势在必行。房租大概需要多少钱呢？自己那二十个金盾的月薪够不够开销？他觉得身上燥热起来，不只因为他坐的位子紧挨火炉，还因为他的脑海里塞满了种种忧虑。

餐厅里就他一个用餐的客人，推销商们在星期天是不出门的，倘若在工作日，火车站的每个角落里都活跃着他们的身影。况且，现在正处在空当期——前一班火车刚开走，下一班火车还没有到达，所以车站上见不到什么人。独自枯坐有些无聊，弗兰基克站起来，信步走到车站门前的走廊上。

♦

他一眼望见了早上载他进城的那辆马车，马车夫吆喝住马匹，跳下车来，径直朝他走了过来。

"事情都办妥了，年轻的先生？我以为你仍然会坐我的马车回车站呢。怎么样，跟瑟泽姆斯基先生谈成了吗？"马车夫是从跑堂儿那里打探到弗兰基克此行目的的，早上弗兰基克跟跑堂儿打听过路。

"谢谢您，"弗兰基克回答，"我们谈好了，我最迟下个月一号去他那里上班。可我还不知道，到时候住在哪里？在这里我谁也不认识。"

"这不是什么问题，"马车夫答道，"我来帮您好了，最好您现在就跟我走一趟，我认识一位太太，专门出租房间给大学生住，她昨天还跟我提起，说她那里空出了一个床位，想再找一个房客。她家什么都管，包住还包伙食。女房主是个寡妇，丈夫原来是城里的会计，有两个女儿，长得可好看了。"说完，他狡黠地笑了一下。

提到有两个女儿，倒让弗兰基克有点无所适从。跟两个陌生女孩子同住一个屋檐下？这让他感觉不自在，但转念一想，没准这样在一起生活会很温馨。至于将来的共处会出现什么状况，弗兰基克想象不出更多，他只体验过在家里和姐姐佩比奇卡朝夕相处，所以刚开始的那种要和陌生女孩一起生活的羞涩感慢慢退去了，好奇心反而膨胀起来。

◆

几个乘客从他们身边匆匆过去，往车站里走。弗兰基克想起来了，开往布拉格的火车还有十五分钟就要开了，他没有时间跟马车夫去那位太太那里看房子、谈租房的问题了。马车夫世故老练的眼睛将弗兰基克的心思洞察得一清二楚，他马上又有了主意：

"您现在大概急着想回布拉格了，对吧？其实您坐下一趟车更好，那趟车四点钟出发。您在这里等着我，我把刚从火车上下来的乘客送进城去，把您一块捎带上，然后我们再去找那位太太。您一看她房子的位置就知道了，就在我们下车的旅店对面。下午四点之前我再把您送回来，这样一来，您不就把什么事情都搞定了。"

马车夫说完就急急忙忙朝进站的火车赶了过去，不忘大声叮咛一句："至少等您下次再来的时候，心里就踏实了，跟回家似的！"

马车夫的话不无道理，弗兰基克决定坐晚点的那趟车返回布拉格。虽然他还不能确定，到时能不能回到这个城市来上班，什么时候来，但觉得先看一眼房子，跟房东谈一下也无妨。先了解一下情况，暂时不跟房东敲定，如果她愿意等他三个星期，那他到这里来上班时，就租住在她家里，不行的话再另想办法。

马车夫从车站里走出来，抱怨这趟火车下来的旅客太少，而且没有一个人愿意搭乘马车。他要么待在这里等下一趟火车来，要么先回城里去。说不定，城里会有人要赶往火车站，那样的话他们俩就去看房子。最后，马车夫决定先回城里去，他让弗兰基克坐到了马车上。

马车行驶的仍然是那条弗兰基克已经熟悉了的线路，这一次他用心地观赏起两旁的景致来。正值中午时分，被厚重的云层遮蔽了一上午的太阳，此刻从云堆里钻出脑袋，把金灿灿的阳光撒向大地，弗兰基克的心情顿时明朗起来。他发现，这个城市跟布拉格的那些城郊全然不同，有着自己独特的风格，这种风格让弗兰基克很喜欢。在温暖和煦的阳光里，他从座位的一侧往城市所在的方向眺望，姆拉达·波列斯拉夫城在层层绵延的山坡上呈阶梯状铺开，宛如一幅油画。左边是耶泽河河谷，右边是克莱尼采山山间小溪。弗兰基克内心里由衷地期盼未来能在这一带郊游，旖旎迷人的景色一定不会让他失望。

马车驶到了白羊旅店，马车夫给两匹马卸了辕，把它们拴到马厩里，便返回来找弗兰基克，一起朝广场对面走去。他们进了一幢外形美观的小洋楼，底层是熟肉铺，三层是住家，他们要拜访的女房东，就在三层。马车夫在一户人家的门口摁响门铃，只片刻工夫房门就打开了，门边出现一个模样俊俏的少女，十六岁的样子。她身着黑色连衣裙，围着带胸兜的白围裙，嗓音清脆地询问他们有什么事。小姑娘肯定认识马车夫，也揣摩出他带人来的意图，所以她迅速扫了一眼弗兰基克，上下打量一番，看得出来她对弗兰基克不是很感兴趣。小姑娘比面前的男孩子还高出半头呢，她对弗兰基克笑了笑，扭头答复马车夫关于她母亲的询问：

"啊，妈妈在家呢，请进吧。"说完退到了一旁。弗兰基克跟在马车夫身后，走进屋子里。第一间屋子就是厨房，仅靠紧挨走廊的一个窗户采光，所以厨房里光线黯淡。他们穿过厨房进入旁边的第二间屋子，这个小屋子夹在厨房和另一个房间之间，仅用木板和一扇镶嵌着玻璃的木门隔开。另一个房间很宽敞，两扇大窗户正对外面的广场。

房东哈斯曼夫人就坐在这间大屋子的旧沙发上，那位小姐走到窗户边，屋里再没有别的人在场。就跟天天见面的邻居那样，马车夫热情地和女主人打招呼，介绍说：

"我给您领来一位房客，就是这位年轻的先生，他将在瑟泽姆斯基先生的蜡烛厂上班,是坐办公室的,他跟您那些学生房客一定处得来。"

夫人站了起来,体型小巧丰满,眼珠子亮晶晶的,一头红发、高嗓门、说话连珠炮似的,热情洋溢:

"那好啊。怎么样,喜欢波列斯拉夫城吗?这可是个美丽的城市啊。"不等弗兰基克作答,她接着又说:

"您一定会喜欢我这房子的。现在这里住着两个学生,一个四年级,一个八年级。我让小的那个挪到那间黑屋子里住,您就住在这个房间好了,和那个八年级的希洛瓦特卡同住,这间大屋子就归你们俩享用。住宿费加上床上用品以及早、中、晚三餐,每个月我收您十七个金盾。"

弗兰基克看上这个地方了,这是他有生以来第一次住到别人家里。他并不懂得,进门来需要绕过厨房和那间被称为黑屋子的隔间,既不方便也不舒服。但在他眼里,这里什么都不错,尤其那两扇大窗户,可以俯瞰整个老城广场,将那里的尘世喧嚣尽收眼底,看不完的热闹景象。虽然支付完十七个金盾的房租后,手里仅剩下三个金盾了,但他并没有多加考虑。小小年纪的他,还不谙世事呢,不懂得过日子,意识不到仅凭手里那点钱,连衣服和鞋子都添置不起了。他对哈斯曼夫人说,只要他一到瑟泽姆斯基先生的工厂里上班,就马上搬过来住。

准备告辞了，夫人和小姐都热情地与弗兰基克道别。这一回小姑娘的表情舒缓多了，朝他微笑着，也像她母亲那样，伸出手来，与弗兰基克握手，互道早日再见。

弗兰基克和马车夫一起下楼，又回到广场上。马车夫抬头望了一眼法院塔楼上的大钟，对弗兰基克说，他去给马车驾辕，然后往新城去一趟，那里有两位女士在等候，要用他的马车把行李运送到火车站，两人要到布拉格去。马车夫提议弗兰基克跟他一起走，顺路带他在城里兜一圈，城区大部分地方弗兰基克还没顾上看呢。弗兰基克采纳了马车夫的建议，离傍晚的火车还有好几个小时，他临时改变了主意，不准备坐下午的火车回布拉格了，他情愿跟随马车夫，在这个城市里多待一会儿，好好浏览一番市容。

跟随马车夫又回到白羊旅店对面，等马车夫套好马车，弗兰基克直接坐到了他旁边的座位上。蔚蓝色的天空令人心旷神怡，他把双脚伸进马匹身后的护套里，这样一来，冬日的凛冽北风便不再那么刺骨了。

他们从广场上斜插过去，拐到狭窄热闹的铁匠街上，顺着这条街走到头便是新城广场。新城广场和老城广场的长度相等，形状更方正规则一些，也比老城广场宽阔，只是广场周围没有那么多古典气派的老建筑。马车接着往下走，快到城外了才在一幢别墅前停下来。摁过门铃后,女仆打开门,拎出来几件行李,她身后跟出来一位上年纪的夫人,一位稍年轻的女士陪在身旁。显然她们已经等候马车多时了,两人立刻上车坐好,马车夫策马往车站方向驶去。

马车夫这次选了另一条道,沿城市边缘的几条小路走了起来,在这些小路上,将毗邻的小城高斯莫诺斯看得一清二楚,马车往下上了直通瑟泽姆斯基先生工厂的公路,随后拐到城堡下方,沿林阴道前往火车站。

两位夫人下了马车,身影随之消失在火车站里。马车夫用一个扣套拴好马车,转身进了餐厅,弗兰基克跟了进去。他明白,自己应该酬谢一下马车夫了,是他为自己安排妥了住处,又拉着他绕了大半个城。马车夫欣然接受了弗兰基克的邀请,毫不客气地点了一顿丰盛的晚餐,啤酒当然是少不了的。马车夫从兜里掏出一个短小的烟斗,一看就是使用了好些年头,又老又旧又破。

"是啊,"马车夫呼出一口气,"是该换个新的了,最好能去布拉格买,这里买不到正经像样的烟斗。"弗兰基克没有接茬,但他记住了马车夫的愿望。

◆

餐厅里的暖气烧得很热。刚才坐在马车头上,在野外冻了一个多小时，现在置身于暖意融融的饭店里，他们感觉舒坦极了。又走进来几位客人，其中两个是火车站的职员，另外三个男人是从城里散步走过来的。这些人跟马车夫都是老相识，于是凑到了他们桌上，很随便地打开了话匣子。饭桌上热闹起来，大家情绪高涨，说着笑话，互相逗趣开涮，弗兰基克一时大意，忘记了留意时间，几个小时嗖的一下溜走了。

突然火车站涌出来许多人，人声鼎沸——从杜尔诺夫方向开来的火车进站了。弗兰基克一下子从椅子上蹦起来，赶紧跑到外面的售票窗口买票，想赶这趟火车回布拉格去。可是晚了，售票窗口此刻已经关了，他想不买票就上火车，可他的大衣还在餐厅里呢，看来是赶不上了。弗兰基克眼睁睁看着火车开走，只能等最后一班火车了，晚上九点半发车，到布拉格要半夜了。

饭桌上又开始嘻嘻哈哈，热闹起来，弗兰基克并没有把误车的事太放在心上。他安慰自己说，误车没什么大不了，若不是这个原因，也会出现别的缘由。此时马车夫离开座位带着几个乘客进城去了，他们桌上又加进来别的客人，是两个年轻人，刚在站台上送别客人，跑进餐馆来暖暖身子，蓄点精神再往回走。大家说说笑笑，一直到弗兰基克起身上车。这一次他紧攥住提前买好的火车票，在站台上等着列车缓缓驶入站台。

车厢里一半座位都空着。弗兰基克盘点了一下身上的钱，很可怜，就剩下两枚十文的硬币和几个钢镚儿，刚开始他也吓了一跳，但很快回过神来，身上还揣着从瑟泽姆斯基先生手里拿到的五个金盾呢。他把它藏在贴身马甲的内兜里了，触摸到这钱，他舒了一口气，就把它给家人吧。这么一来他气定神闲，心里坦然多了。他忍不住有点自责，挥霍了那么多钱，酒也喝过了头。弗兰基克长这么大很少喝酒，仅偶尔在星期天喝一点，最多喝一杯啤酒，不会超过两杯。而刚才，他一口气喝下了五杯！

弗兰基克往车厢里张望。座位上零零落落，大概坐了六七个男人，一大半在打盹儿。只有一个人冲他挥手，招呼道：

"小伙子，你怎么到这里来了？"

弗兰基克一眼就认出来，那是斯泰纳先生，一家生产厂家的代理商。每当卡夫卡店铺柜台急需而库房缺货时，弗兰基克就直奔斯泰纳先生的直销仓库拿货，那是一包包缠在轴上的线团。

斯泰纳先生是个随和、与人为善的犹太人，年轻有为，已经成家立业。弗兰基克跟斯泰纳太太也熟识，她经常在仓库里帮着丈夫抄抄写写。

弗兰基克赶紧调换座位，坐到了斯泰纳先生的身边。不忘先叮嘱他，下次万一去卡夫卡店铺，不要提起他们这次在火车上的相遇，因为他没有跟店主请假，上午没有去店里上班，也

没有去上学。斯泰纳让弗兰基克放心,自己会守口如瓶。随后他说:

"我只知道,你到外地的叔叔家做客去了。怎么样,玩得还开心吗?"

弗兰基克对这位先生的言行举动始终怀有好感,他略一思忖,觉得自己没有必要对斯泰纳先生隐瞒这趟行程的目的。他知道斯泰纳不会做伤害自己的事,必要的时候反倒会给自己出一些好主意。果不其然,弗兰基克向他倾吐了内心的忧虑,担心学徒期未满,卡夫卡先生不一定会答应提前放他离开,万一真是这样,他就错失了瑟泽姆斯基工厂的好工作。斯泰纳听完他的话,谨慎地安慰他说:

"这倒不必忧虑,据我对卡夫卡先生的了解,他应该不会为难你。即便真的出现那样的结果,那你就等到一号那天,把薪水领到手里,然后收拾好行李直奔波列斯拉夫城去。卡夫卡先生能拿你怎么样呢?他没有理由出来追你,因为你没拿他店里一样东西。学徒证书他也必须颁发给你,虽然不能指望他给你写下夸赞的评语,而瑟泽姆斯基不一定会想起来跟你要评语看,毕竟你还是个实习生。看来这一次你留给他的印象非常不错,所以你没必要过分担心,节外生枝的事情是不会发生的。如果你因此错失了办公室职员这么一份好工作的话,那倒是莫大的遗憾呢。"

斯泰纳的一番话,让弗兰基克感觉沉重,内心有些忐忑,因为这件事直接涉及他自己。他对店主还是心怀崇敬的,耳朵里也没少听别人说起学徒"半途逃离"的故事,而且说话者的口气充满了不屑。于是他对斯泰纳说,自己会慎重考虑,然后便转换了话题,一直聊到火车驶进布拉格火车站。两人挥手道别,弗兰基克匆忙往家里跑去。

◆

到家门口时已近子夜时分。弗兰基克敲了敲门房的窗玻璃,等了很长时间,窗户才拉开一半,黑暗里传来女人战战兢兢的问话声:

"是谁啊?"公寓里住着有数的几户人家,人员不多,每一家都住在底层,晚上十点以后基本上没有人出入大楼了,所以大门早早就上锁。

弗兰基克赶紧回应,屋里的人听出了他的声音,因为弗兰基克听到门房的女儿在说:"妈,是住在后边的那个小巴尔基克,给他开门吧。"大门很快打开了,弗兰基克往门房伸过来的手里塞了十文辛苦钱,穿过院子回家了。家里的大门没有锁,他推门进屋。

厨房里漆黑一团,悄然无声,他不想吵醒家人,摸黑脱下衣裤。但窸窸窣窣的声响还是惊动了父亲，很快传来他的斥骂声：

"好啊，你回来得倒是挺早啊，满世界撒野够了？你给我交代，到哪里去了？那五个金盾呢？没剩下一个子儿吧，对不对？"母亲也被吵醒了，下床来，点亮了桌上的油灯，问道：

"弗兰基克，怎么回来得这么晚啊？我都担心你出了什么意外。你在哪里耽搁了这么久？"弗兰基克从兜里掏出那五个金盾，递到母亲手里，自豪又委屈地说：

"给您钱，我误了火车。下个月一号我就离开家，去波列斯拉夫城那家工厂上班。"父亲也从床上坐了起来，他很吃惊，无法相信自己的耳朵，他对弗兰基克说：

"得了，得了吧，这没什么新鲜的。孩子，你三天就会受不了而跑回家来的，你离不开你妈妈。你这一整天都吃了什么，给你的钱你都没动？你是怎么挺过来的？还有火车票？那起码得花两个金盾！难道你压根儿没出布拉格城，是不是这回事？"

看来没法隐瞒了，弗兰基克只得给父母讲描述了这一天的经历。

"我出布拉格了，爸爸，我去了波列斯拉夫城，把所有的事情都办妥了，所以才耽搁这么久。瑟泽姆斯基把车费和饭费都给我了，我下个月一号起就去他那里上班，每个月我将挣到二十个金盾的工资。"接着他简略跟家人描述了一路的行程，自己如何跟工厂主面谈，但只字未提如何把工厂主给的那五个金盾几乎花个精光。他意识到，自己在马车夫身上差不多花去了整整一个金盾。

夜深了，万籁俱寂，房间里的温度越来越低。父亲和母亲满脑子装着今天发生的稀奇古怪的新鲜事，重新钻回被窝里。弗兰基克吹灭桌上的煤油灯，也回到自己房间躺下了。房间里还有哥哥冬尼克的床，哥哥参加完舞会，此刻正在酣睡之中；姐姐佩比奇卡也睡在这个屋子里，刚才厨房里的说话声把她也吵醒了，此刻她坐在床上，也要跟弗兰基克打听一整天的经历。弗兰基克回绝了她的请求，推说明天再给她讲，自己实在太困了，明天还得早起呢。他把身体舒服地平摊在床上，进入了香甜的梦乡。

◆

第二天是星期一，弗兰基克在店铺里时刻留意着合适的时机，以便找卡夫卡先生从容地交谈而不至于被打断。他心神不宁，生怕店主不提前放行，坚持让他干到学徒期结束为止，那还得熬六个月。弗兰基克期待这场即将到来的谈话尽快成为过去。他想好了，万一卡夫卡先生不同意，自己什么也不说，就按照斯泰纳先生给出的主意行事，到时不顾一切后果，一走了之。

事后证明,他的担心纯属多余。等卡夫卡先生像往常那样,早上散完一圈步回来,停留在店铺的橱窗跟前欣赏里面的摆设时,店堂里恰好一个伙计也没有。弗兰基克走上前去,惶惶不安地告诉店主说,自己将要去姆拉达·波列斯拉夫城的一家工厂办公室就职,请求店主最迟在这个月底放自己走。

卡夫卡先生,这个平静而相对温和的商人,看得出来,他今天的心情尤其不错。先生笑了笑,语气和蔼地发话道:

"既然您认为那里更适合您,那么从一号起您就去那里就职吧,我不会阻拦您的。"

卡夫卡先生第一次以"您"来尊称弗兰基克,说完耸了耸肩,拿起报纸埋头读起来。自己的请求如此顺畅地得到批准,这让弗兰基克大感意外。他结结巴巴地表达了几句感激之语,店主的回应异常简洁:

"好了,好了,等夫人来了,您自己再跟她说一遍吧。"

弗兰基克回到玻璃房里工作起来,会计已经等得不耐烦了,他看见弗兰基克跟店主说了什么,但无法听到他们的谈话内容。所以他忍无可忍,不客气地诘问:

"你刚才跟店主说了些什么?"对会计的咄咄逼人,弗兰基克淡然地回答:

"我辞职了。从二月份起我不在这里干了。"

"你说什么？"会计不相信自己的耳朵，脱口说道："又胡说八道了吧，你能干什么去呀？"弗兰基克懒得搭理他，轻声嘟囔了一句：

"我找到别的工作了。"说完埋头写起账来。

没多久夫人来了，坐到了收款台旁边那张固定的沙发椅上。卡夫卡先生走过去，说了几句话，拿起礼帽出门去了。会计在椅子上摇来晃去，瞄了弗兰基克一眼，几乎等不及店主走出门，他就迫不及待地跳起来，冲到夫人跟前，把这"特大新闻"禀报了过去。

账房的门大开着，弗兰基克听见他对夫人在絮叨自己的事情。虽然他们对话用的是德语，然而在这两年半的时间里，弗兰基克已经能听懂一些德语了。他听出会计在催促夫人赶紧找一个新的记账员来，同时他推荐了一个人，显然是自家的亲戚。怪不得那么着急，他希望得到夫人的支持。

等会计回到账房里，弗兰基克站起身，朝夫人走过去，告诉她自己将要离开店铺了。夫人并没有流露出太意外的表情，因为她已从会计那里知道了这个消息。她只是询问了弗兰基克从哪里获得招聘信息的，他是否喜欢姆拉达·波列斯拉夫城，家里人持什么看法。

很快，弗兰基克将要离开的消息在其他伙计中间炸开了锅，大家纷纷跑来打探详情。看得出来，多数人都想改变目前的处境，但是找到一个更好的工作又谈何容易。即便换了地方，薪水却没有增加，那又有什么意义。大家在祝贺弗兰基克的同时，还是有些心怀嫉妒的，最主要的是，他的新工作是坐办公室，而不是站柜台，而且居然应聘进了工厂。总而言之，大家对他的晋升没有表现出过多兴趣，因为弗兰基克不是他们的朋友，况且他还是个"基督徒"。

◆

当天晚上，弗兰基克立即给波列斯拉夫城的工厂发了信，通知他们，自己将在二月一日正式就职。回信很快就来了，说工厂期待他赴任。

在职业学校，在弗兰基克所在的班级里，他一个月之后不再来上学，将去波列斯拉夫城工作的消息，又引发了一场轩然大波。大家都很羡慕他，因为这种事情史无前例，一个学徒擅自谋就别的工作，而且原店主依从学徒的意愿，提前解聘。以往，无论条件多么恶劣，学徒们从来都必须熬到学徒期满才能离开，店主决不会提前放行。雇主们也决不允许像他这样的一个小男孩萌生跳槽的想法。在店铺和作坊里，店主对待学徒就如同对待奴隶一般，学徒遭受折磨的耸人听闻的事弗兰基克没少听说，尤其在食品行业，他常常看到学徒们青紫、红肿和被冻伤的双手以及被扯裂的耳朵。这种虐待的后果便是，孩子们对店主和伙计们的恶习耳濡目染，渐渐也丢失善良的本性，变得恶毒和道德沦丧，出徒后以同样的方式折磨新来的小学徒。

  弗兰基克深为自己感到庆幸，自己学徒期遇到的店主待人仁慈，从不动手打人，那些老资格的店员也上行下效，除了用难听的秽语骂人，不敢有粗野的过激举动。

◆

  弗兰基克给大家展示了波列斯拉夫城的工厂寄给他的回信，小伙伴们看到，他应聘到了工厂里，而且坐进了办公室，大家惊叹不已，随后这种惊叹转为对他的仰慕。

  培训学校的那位好老师哈夫利克先生也由衷地为弗兰基克感到高兴和骄傲，自己的学生敢于挑战，勇于进取，表现出了独立谋事和果断决策的能力。老师有感而发，发表了一通简短而激情洋溢的讲话，他不忘提醒弗兰基克去校长那里领取结业证书，尽早去，以免忘记。

  校长承诺，在弗兰基克离校的那一天，把结业证书颁发给他。

◆

  在学校的最后一天终于来临，弗兰基克前往校长办公室，事先制作好的那张结业证书，果然已摆在办公桌上。聆听完校长励志的临别赠言，弗兰基克本可以回卡夫卡店铺，或者把这难得的闲暇留给自己享用。但他决定去教室听完最后一堂课，跟老师和全班同学告别，他没有想到告别的场面会那么热烈和隆重。

哈夫利克先生的课上完了，讨厌的多莱士老师，那个粗鄙无礼的家伙走进了教室。跟往常一样，他对那些被他叫起来回答问题不全面或者答不上来的学生破口大骂，暴跳如雷，声音之大仿佛教室都在跟着颤抖。接下来是书法练习，抄写黑板上的板书，多莱士走到学生中间巡视，一边看一边呵斥。

弗兰基克按捺不住了，虽然他的字体很优美，没有招来斥骂，但多莱士从不表扬学生，对待学生从来都是严厉的训斥，没完没了的咆哮的行为让他很恼火。弗兰基克摸了摸装在口袋里的结业证书，倍感欣慰。今天是最后一次硬着头皮听老师大发淫威，他突发奇想，假如现在奋然起来跟老师干一架，老师已经奈何不了他什么了。当听到多莱士对另一位学生怒吼"你这个混蛋、蠢驴……"时，不等下面的秽语冒出来，弗兰基克没多想便脱口怼道：

"这种话太过粗俗！"

老师停止谩骂，他脸色煞白，气急败坏地用发抖的嗓音

质问:

"刚才是谁在说话?"

弗兰基克从座椅上站起来,语气平稳地大声回答道:

"是我!"

多莱士老师吃惊地盯着弗兰基克,居然无言以对。他猛地冲出教室去,不用猜,他找校长告状去了。

弗兰基克利用这个机会,跑到讲台上,本想用简洁友好的话语跟同学们告别,最后却只喊了声:"再见了!"

他走出教室的时候,身后响起同学们以三倍的真诚给予的热烈回应——"再见了!"男孩子们尤其激动,在他身后喊个不停,这声音陪伴着他离开教室,走到走廊上,永久地离开这个地方。他大步跑下楼梯,冲到校门口,回首一望,看到校长和多莱士老师前后紧随,顺着楼梯正往楼上教室匆匆走去,两个人激动地在说着什么。

弗兰基克感到心满意足。

♦

"卡夫卡先生同意我辞职了。"一回到家里,弗兰基克就高声宣布了这个好消息。大家都深感意外,这孩子怎么什么都能顺利如愿啊!

在往后的几天里,妈妈为弗兰基克出远门忙碌准备:她把旧衣服整理出来，缝制了新内衣，好让儿子有替换。随着离别的日子一天天临近，母亲不觉伤感起来，然而转念想到这是小儿子成为"先生"的最好出路，又转悲为喜。未来的账房先生——这跟做工人或者成为店铺的伙计是截然不同的，母亲懂得利害关系。

时光荏苒，日子飞逝而去，弹指间，一月份的最后一天到来了。店铺里卡夫卡先生在跟会计先生计算今年该给员工们分发的红包，红包里的数额由供货商提供一部分，卡夫卡先生再增加一部分。弗兰基克今年分得了十个金盾，同时到手的还有这个月的工资，他总共拿回家二十个金盾。店主卡夫卡给他的评语也写得很好，由会计先生用美术字体抄写。

下午不过五点钟的样子，卡夫卡先生转身对弗兰基克说：

"今天您可以走了，弗兰茨，祝您在那里一切顺利！"

弗兰基克向卡夫卡先生由衷地道了谢，然后走到夫人跟前，她依然坐在挨着收款台的那把沙发椅里。弗兰基克向夫人再次道谢，夫人也很亲切地与他告别。弗兰基克又走到后面库房里跟所有伙计说再见。回到店堂，最后走进账房里与会计先生道别。

他将离开这家店铺了——人生第一份工作开始的地方。弗兰基克也没有忘记上楼去看望孩子们，看望小弗兰茨·卡夫卡，后来他们再没有重逢。

♦

家里有许多事情在等他处理，行李也有待整理。家人给他准备了一个崭新的木箱，乡下学生或者女佣们常拎的那种，弗兰基克的木箱比他们的稍小一些，样式也好看一些。这个精致的小木箱后来成为他忠实的旅伴，跟随他很多年，每次搬家都用到它。

床上放着内衣裤，外出穿的服装叠在椅子上，桌上堆满了零碎杂物。他细心地把每样东西一一码放在箱子里，他把画板、尺子、笔墨、水彩和各类纸张也带上了，几本趣味读物和德语课本也装进了箱子——这是他目前所有的最基本的图书资料。他最亲爱的姐姐买了一本新书送给他做纪念，哥哥冬尼克送他一方可以塞在上衣胸兜里的真丝手帕。

晚上，全家人围在桌子边坐了很久，谈论弗兰基克的这趟远行，他能否在波列斯拉夫城过得习惯，那个新地方是否会令他满意，他会不会想家。弗兰基克对家人的疑虑做了乐观的回答。面对出现在他生活里的新变化，不能说他没有感触，但并不感觉沉重，相反充满了无限期待，希望自己尽快到达新的岗位。他对新的职业、新的环境，迄今为止全然陌生的生产流程和销售，充满了好奇和新鲜感，他无比渴望去认知和体验已向他频频招手的新生活。

大家总算分头回房间睡觉去了，弗兰基克久久无法入眠。他简直有点迫不及待，天色怎么还不快点亮起来，他好整装出发。

弗兰基克起床的时候，父亲正准备出门上班去。他动情地跟自己的小儿子告别，和蔼地提醒他说，如果在新地方过得不习惯，随时可以回家。简短的几句话，令弗兰基克终生难忘。在即将离家的这些日子里，他也考虑到了，万一在波列斯拉夫城出现自己无法预测的情况，在那里待不下去了，只得回布拉格时，自己该怎么办？所以，父亲这几句朴实贴心的话，在平时他也许不会这么在意，此时却让他倍感温暖、印象深刻。他感激的目光追随父亲渐行渐远的背影，停留了很久。

母亲在一旁提醒他，该出发去火车站了。母亲将平时用来装床单被套的背篓背到后背上，里面装着弗兰基克的小木箱，好在不重，母亲已做好了出发的准备。哥哥、姐姐从房间里跑出来跟弗兰基克道别，关照他常给家里写信，复活节一定想着回家来过，弗兰基克都一一答应了。说完随母亲出了家门，往弗兰基谢克车站走去。

在火车站里母亲忧伤地流下了眼泪，一再地祝福弗兰基克一切顺利，随后满脸悲戚地离开车站，回家去了。家里有一大堆活在等着她，永远洗不完的一堆堆衣服在等着她。此外，母亲还揽下了给别人洗衣服的活计，可以赚一些零钱补贴家用。母亲克勤克俭，将父亲拿回家的薪水和孩子们挣的工钱精打细算，绞尽脑汁让家里的日子过得有声有色，让每个人都穿得光鲜得体。

◆

弗兰基克买好火车票，支付了行李箱托运费，就上车了。虽然刚才与母亲的离别让他动容，但他并不伤感，而是感觉无比轻松。他知道自己自由了，从此将开始特立独行的生活。对自己走到今天这一步，没有依靠别人的帮助和指点，弗兰基克感到十分满意和自豪。

在座位上舒坦地坐下来，车厢里一半座位空着，没有几个乘客。对即将到任的新岗位，弗兰基克心驰神往，充满期待。家里给了他十个金盾当路费，也作为在波列斯拉夫城头一个月的生活费。房租和伙食费要到月底才支付，到时他将从工厂主瑟泽姆斯基手里领到薪水。想到这里，一种亢奋油然充满弗兰基克全身，这种亢奋来自心底。

他在脑子里想象着，在新办公室里，自己将坐在哪个位子上办公，桌上将放一台什么样的打字机。然后，女房东哈斯曼夫人给他的房间如何摆设，晚上的时光怎样度过。接着弗兰基克又开始考虑，蜡烛厂会给他安排什么样的工作，怎样跟办公室的其他先生相处，瑟泽姆斯基先生会有什么指示。

上次在厂里参观的时候，弗兰基克了解到，车间里的活从早上六点持续到中午十二点，下午从一点起一直干到晚上六点，每天工作整整十一个小时，而办公室的职员们只需在上午八点到十二点，下午两点到六点在岗。

他猛然意识到里面的不对等，为什么工人们每天要比办公室职员多干三个小时。他又感到欣慰，从现在起自己的工作时间缩短了三个小时，实际上是四个小时，因为在卡夫卡店铺每天几乎工作整十二个小时。一个念头在弗兰基克的头脑中一闪而过，为什么工人们的工作时间那么长，假如瑟泽姆斯基先生多招几个工人，让大家少干几个小时，那么在缩短了的工作时间里大家干出的活不是一样多嘛。那时弗兰基克尚不懂，增加工人人数对工厂主而言意味着增加工资投入。在这些事情上弗兰基克暂时是懵懂无知的，在家里父亲常跟母亲聊起工厂里的事情，弗兰基克也就听听罢了，没怎么往脑子里去。那个时代几乎没有人知道"社会主义"这个词，也害怕这个词。所以弗兰基克也无从理解，雇主们给予办公室的职员们另一种待遇，并不是因为后者具有较高的修养和学识，而是为了让他们感恩戴德，一旦工人和工厂主发生了矛盾和摩擦，这些办公室职员能维护工厂主的利益,一同对付工人。

　　弗兰基克的思维跳跃到了卡夫卡店铺,他想起了玛丽姑娘,想起了地下仓库里的那场艳遇……

　　"姆拉达·波列斯拉夫城到了。"列车员的声音让弗兰基克从迷幻中惊醒——自己已身处波列斯拉夫城啦。

后　记

捷克语境中的弗兰茨·卡夫卡

《我在卡夫卡店铺当学徒》从某种意义上揭示了卡夫卡家族的生活。在这个译本出版之际，我们不妨从卡夫卡作为德语作家的视角去解读他在捷克语境中的接受过程。

布拉格德语作家群

捷克的德语作家构成一战和二战期间重要的文学家群体，代表人物有弗兰茨·卡夫卡、古斯塔夫·麦林科、赖内·马里亚·里尔克、弗兰茨·韦菲尔、埃贡·埃尔温·基施和马克斯·布洛德等人，其中最具影响力的是弗兰茨·卡夫卡，被称为现代派文学的创始人。

捷克的德语作家大多为犹太人，生活极其动荡，除布拉格之外，他们也生活在布尔诺、奥洛莫茨等捷克其他城市。1782年之前，犹太人被封闭在"犹太人隔离区"内，生活与周边社会几近隔绝，犹太文化也被隔绝，无法渗透到捷克官方文化中。1782年约瑟夫二世颁布解禁令，犹太人得以从隔离区中走出来，并开始从乡村和城镇往布拉格迁徙，从而参与到捷克社会经济和文化生活当中，在许多行业尤其是文化、艺术领域脱颖而出。

中世纪神秘的布拉格及其历久弥新的精神，是德语作家们经常涉及的写作主题，犹太人的同化与解放问题同样是他们关注的焦点。19世纪90年代兴盛于布拉格的反犹运动，令他们对自身命运倍加关注。面对生活于斯的捷克环境，他们以文字展示自己的独特感悟。

卡夫卡，这位出生于布拉格的犹太籍的德语文学巨擘，是世界公认的存在主义和荒诞文学的开创者，但其身份始终是一个难以解释的命题：出生在奥匈帝国时代的布拉格，生命中的绝大部分时间在捷克度过，以德语写作。德、捷、犹三种文化的碰撞对他的创作产生了巨大影响，生成了他离奇的想象力。卡夫卡找不到归属，文化认同始终困扰着他。在捷克人眼里，卡夫卡是局外人，因为他使用奥匈帝国的官方语言德语；对德国人而言，他是犹太人；他自学过希伯来语，四个女友中三个是犹太姑娘，但他否认自己与犹太文化的关系。在中国介绍卡夫卡时将他的国籍定为奥地利，显然奥地利与卡夫卡也没有太多关联。

卡夫卡在作品中几乎不提及布拉格，他很少和人交往，也不参与捷克语作家的聚会和结社，居家写作几乎构成他生活的全部，作品在生前大多没有发表。20世纪50年代以前，捷克大学的教授们在讲述世界文学史课程时，没有人觉得有必要提到卡夫卡的名字，把他列入捷克文学史似乎更是不可思议的事情。直到1957年，布拉格出版了一本小说集，其中选编了捷克20世纪10位作家的作品，最后一篇为《在流放地》，此时许多捷克人才第一次读到卡夫卡的名字和作品。

卡夫卡作品在捷克的译介

卡夫卡在捷克语境中被接受的过程起伏跌宕。20世纪50年代，当卡夫卡在西方受到瞩目，随后"热"遍欧美各国，被公认为存在主义和荒诞文学的天才鼻祖时，他的故乡捷克对他却知之甚少，鲜有人提及或者写到他。捷克人如此漠视卡夫卡并非针对他个人，这与对他作品的阅读和理解也没有太多关系，政治动荡和社会变革对这位稀世德语作家在捷克社会的认同产生了影响，甚至在卡夫卡辞世70年后，捷克人对他作品的了解依然是不全面的。我们不妨把卡夫卡在捷克语境中的接受过程分为三个阶段：20世纪前半叶，二战之后和20世纪90年代。

一战前的捷克文学界对卡夫卡的评价较为正面。因为卡夫卡会说捷克语，阅读捷克语杂志，欣赏捷克文学，他读过许多捷克作家的小说和诗歌，对捷克现代艺术创作也表现出盎然兴致。

1918年捷克共和国独立后，当地的爱国主义融入了反德意志和反犹太情绪，而二战时希特勒的暴虐更让捷克人憎恨德国，战后连居住在边境苏台德地区的德裔居民都被驱逐回去。卡夫卡的身份归属问题很清楚，尽管他出生在布拉格，但他被划归到德国那一边，作为作家，他的名字意味着政治冲突；况且卡夫卡又是犹太人，一个有预见性的作家，他的小说《审判》所描绘的病态社会、无辜控告和缺席判决，似乎在影射当代政治；他那部《变形记》在许多读者眼中，则在荒诞的情节中揭示出社会人生的现实。所以卡夫卡作品在1990年之前没有"自由的出版空间"理所当然。

1990年之后，卡夫卡的名字逐渐为大众所知晓，卡夫卡的商业价值也日益被提升。作为知名作家的卡夫卡在布拉格成为旅游业的吸引点，一个可以赚钱的被商品化的符号，如今的布拉格因为卡夫卡而成为世界各地游客们向往的圣地。

捷克社会关注卡夫卡及其作品始于1913年，他的短篇《司炉》在文艺杂志《艺术月刊》上发表，主编弗·朗格尔对新刊发小说的新浪漫主义诗意特征做了点评。

卡夫卡小说的第一位译者是米伦娜·耶森斯卡，她与卡夫卡在1920年发生过强烈的情感缱绻，至1923年，除《司炉》外，她先后翻译了《观察》中的六个短篇、《一份致某科学院的报告》和《判决》，相继刊载于捷克杂志。卡夫卡在世期间，捷克文学界共介绍了他的12个短篇小说。

1935—1937年，在布洛德等人的策划推动下，德语版卡夫卡全集六卷推出，几乎涵盖他所有作品，全世界对此创举表现出兴趣和关注，而捷克社会却反应冷淡，文学评论界和日耳曼学术界都没有发声。

1935年，长篇小说《城堡》在捷克首次被翻译出版，布洛德为译本题跋。小说出版后，读者缺乏理解的语境和阅读兴致，不受公众青睐，几年后折价处理。

二战后卡夫卡在捷克升温。捷克文学界似乎意识到他们错失良机，让国外的研究者捷足先登。国外研究者们理解这位布拉格作家比捷克人更为透彻，而二战的悲剧事件愈发印证了卡夫卡作品的现实意义，卡夫卡的作品重新被人解读。于是，捷克文学界做出重大决定——出版卡夫卡全集八卷作品，往捷克文化引入卡夫卡。由布洛德发起，着手卡夫卡文集的翻译和出版，但由于版权归属、译者选择等问题，在律师、代理和翻译家之间展开了持久争执，使得翻译和出版工作迟迟无法落实。长篇小说《美国》直到1958年才得以出版。

1963年，适逢卡夫卡80周年诞辰纪念，政治气氛有所松动，为了迎合世界各地掀起的"卡夫卡热"，5月末在距布拉格50公里的利布里策城堡召开了卡夫卡国际研讨会，这次文学大会让沉寂多年的卡夫卡再度受到关注，然而在捷克依然没有引起多大反响，重要的捷克作家没有一位出席会议。捷克社会对卡夫卡和布拉格德语文学的意义依然知之甚少。

作为犹太作家，卡夫卡是纳粹德国的敌人，而在战后和平年代，他又被当作腐朽的资产阶级文化的象征，卡夫卡作品的翻译与出版因政治原因在捷克一再被中断，1969年捷克奥德翁出版社准备出版卡夫卡文集，而"布拉格之春"后的"正常化"态势再度让出版计划夭折。

1983年，世界各地如火如荼地筹备卡夫卡百年诞辰的纪念活动，捷克奥德翁出版社才不失时机推出了一本《卡夫卡短篇小说选集》。主编在策划出版申请时机智而巧妙地陈述：在卡夫卡诞辰百年之际，来自全球的"卡夫卡迷"会云集布拉格，包括电视台和媒体，不希望在捷克书店里找不到一本卡夫卡的书籍。申请最终获批，小说集首发当日，书店门前排起长长的队伍，超出预期。

20世纪90年代，捷克才真正迎来了针对卡夫卡的出版热潮和旅游高峰。卡夫卡的名字已然剥离了意识形态内涵，演变为重要的旅游资源。在此后的十年间，卡夫卡所有作品的捷克语版本得到再版或者重译出版，包括之前未曾有的新版本：《致菲利斯》（1991）、《致奥特拉》（1996）、《1902—1912年日记》（1997）和《1913—1923年日记》（1998）。

2007年9月23日，弗兰茨·卡夫卡协会宣布13卷《卡夫卡文集》的捷克语版本即将面世，这意味着在卡夫卡逝世83年之后，他那些尘封的作品终见天日，捷克读者首次有机会用捷克语完整地阅读这位在布拉格出生的世界级文学巨匠的作品。

出版卡夫卡全集是卡夫卡协会主席马莉绍娃多年的愿望，旨在把卡夫卡印入人们的心里，而不是仅将他的漫画肖像印在T恤上作为纪念品出售。卡夫卡是捷克文化的一块瑰宝，要让更多的捷克人了解卡夫卡对世界文学的贡献，他是捷克文学史不可或缺的重要组成部分。她慨叹：作为大师级的作家，卡夫卡的作品至今尚未列入捷克学校教学课程。

在当代捷克人眼中，卡夫卡的主要价值体现在推动布拉格旅游业的发展上。世界各地的人们慕名来到他的出生地，寻找卡夫卡当年生活和创作的痕迹。2004年在捷克举办的"最伟大的捷克人"民意测验中，卡夫卡排名第55位。

译者
2019年10月18日

(原作手稿片段)

(原作手稿片段)